I VERBI ITALIANI

RACCOLTA AD USO DEGLI

ALLIEVI DI LINGUA STRANIERA

COMPILATA

DA

Max]

DIX-NE

LIBRAIRIE PAYOT

LAUSANNE

1990

ISBN 2-601-01449-0

AVVERTENZA

*Nell' offrire alla gioventù studiosa dello « idioma gentile »
questa modesta compilazione, ho voluto renderle meno arduo
lo studio dei verbi, che hanno fama di costituire una delle
maggiori difficoltà della lingua italiana.*

*Mi sono ispirato all'opuscolo del Sig. A. SIMOND :
Les verbes français, publicato anni or fanno, opuscolo che
ha reso e rende tutt'ora servigi incontestabili, ed ho cercato
di presentare i verbi italiani in una forma chiara e comple-
ta, ciò che non è compito speciale delle grammatiche scolastiche.
I verbi più importanti sono messi in tutti tempi semplici,
e ne viene indicato l'ausiliare ; in nota poi trovansi alcuni
derivati e difettivi interessanti, nonchè, per ogni coniugazione, quei tipi presentanti delle voci che possono creare
un dubbio od un'esitazione.*

*Con tutto ciò, il lavoro non pretende di essere giunto di
botto alla perfezione, ed io sarò grato ai miei colleghi di
segnalarmi schiettamente gli errori che potrebbero incontrarvi
e di suggerirmi quelle migliorie che, a parer loro, dovrebbero
venirvi introdotte.*

*Spero tuttavia che questo opuscolo incontri il favore di
maestri e scolari, e contribuisca quindi a diffondere sempre
più lo studio della terza lingua nazionale.*

M. H. S.

Opere consultate : **P. Petrocchi, Rigutini e Fanfani** :
Dizionari della Lingua italiana.

E. Polcari : I verbi italiani.

Zambaldi : Grammatica italiana.

Bottiglione : Grammatica italiana.

Sauer-Motti : Grammaire italienne.

Modo Indicativo

Presente	Imperfetto	Passato remoto	Futuro
ho	avevo (a)	ebbi	avrò
hai	avevi	avesti	avrai
ha	aveva	ebbe	avrà
abbiamo	avevamo	avemmo	avremo
avete	avevate	aveste	avrete
hanno	avevano	ebbero	avranno

Pass. prossimo	Trap. prossimo	Trap. remoto	Futuro anter.
ho avuto	avevo avuto	ebbi avuto	avrò avuto
hai avuto	avevi avuto	avesti avuto	avrai avuto
ha avuto	aveva avuto	ebbe avuto	avrà avuto
abbiamo avuto	avevamo avuto	avemmo avuto	avremo avuto
avete avuto	avevate avuto	aveste avuto	avrete avuto
hanno avuto	avevano avuto	ebbero avuto	avranno avuto

Modo Condizionale		Imperativo	Infinito
Presente	Passato	Presente	Presente : avere
avrei	avrei avuto		Passato : avere avuto
avresti	avresti avuto	abbi	**Participio**
avrebbe	avrebbe avuto	abbia	Presente: avente
avremmo	avremmo avuto	abbiamo	Passato : avuto
avreste	avreste avuto	abbiate	**Gerundio**
avrebbero	avrebbero avuto	abbiano	Presente : avendo
			Passato : avendo avuto

Modo Congiuntivo

Presente	Imperfetto	Passato	Trapassato
abbia	avessi	abbia avuto	avessi avuto
abbia	avessi	abbia avuto	avessi avuto
abbia	avesse	abbia avuto	avesse avuto
abbiamo	avessimo	abbiamo avuto	avessimo avuto
abbiate	aveste	abbiate avuto	aveste avuto
abbiano	avessero	abbiano avuto	avessero avuto

Modo Indicativo

Presente	Imperfetto	Passato remoto	Futuro
sono	ero *(a)*	fui	sarò
sei	eri	fosti	sarai
è	era	fu	sarà
siamo	eravamo	fummo	saremo
siete	eravate	foste	sarete
sono	erano	furono	saranno

Pass. prossimo	Trap. prossimo	Trap. remoto	Futuro anter.
sono stato *(a)*	ero stato *(a)*	fui stato *(a)*	sarò stato *(a)*
sei stato *(a)*	eri stato *(a)*	fosti stato *(a)*	sarai stato *(a)*
è stato *(a)*	era stato *(a)*	fu stato *(a)*	sarà stato *(a)*
siamo stati *(e)*	eravamo stati *(e)*	fummo stati *(e)*	saremo stati *(e)*
siete stati *(e)*	eravate stati *(e)*	foste stati *(e)*	sarete stati *(e)*
sono stati *(e)*	erano stati *(e)*	furono stati *(e)*	saranno stati *(e)*

Modo Condizionale

Presente	Passato	Imperativo	infinito
		Presente	**Presente :** essere
			Pas.: essere stato *(a,i,e)*
sarei	sarei stato *(a)*		**Participio**
saresti	saresti stato *(a)*	sii	**Presente :** (essente)
sarebbe	sarebbe stato *(a)*	sia	**Pas. :** stato *(a, i, e)*
saremmo	saremmo stati *(e)*	siamo	**Gerundio**
sareste	sareste stati *(e)*	siate	**Presente ;** essendo
sarebbero	sarebbero stati *(e)*	siano	**Pas.:** essendo stato *(a, i, e)*

Modo Congiuntivo

Presente	Imperfetto	Passato	Trapassato
sia	fossi	sia stato *(a)*	fossi stato *(a)*
sia	fossi	sia stato *(a)*	fossi stato *(a)*
sia	fosse	sia stato *(a)*	fosse stato *(a)*
siamo	fossimo	siamo stati *(e)*	fossimo stati *(e)*
siate	foste	siate stati *(e)*	foste stati *(e)*
siano	fossero	siano stati *(e)*	fossero stati *(e)*

I^a **Coniugazione : Cantare**, cantante, cantato, cantando.

Modo Indicativo

Presente	Imperfetto	Passato remoto	Futuro
canto	cantavo (a)	cantai	canterò
canti	cantavi	cantasti	canterai
canta	cantava	cantò	canterà
cantiamo	cantavamo	cantammo	canteremo
cantate	cantavate	cantaste	canterete
cantano	cantavano	cantarono	canteranno

II^a **Coniugazione : Temere**, temente, temuto, temendo.

temo	temevo (a)	temei (etti)	temerò
temi	temevi	temesti	temerai
teme	temeva	temè (ette)	temerà
temiamo	temevamo	tememmo	temeremo
temete	temevate	temeste	temerete
temono	temevano	temerono (ettero)	temeranno

III^a **Coniugazione : Sentire**, sentente, sentito, sentendo.

sento	sentivo (a)	sentii	sentirò
senti	sentivi	sentisti	sentirai
sente	sentiva	sentì	sentirà
sentiamo	sentivamo	sentimmo	sentiremo
sentite	sentivate	sentiste	sentirete
sentono	sentivano	sentirono	sentiranno

III^a **Coniugazione** in **isco : Finire**, finente, finito, finendo.

finisco	finivo (a)	finii	finirò
finisci	finivi	finisti	finirai
finisce	finiva	finì	finirà
finiamo	finivamo	finimmo	finiremo
finite	finivate	finiste	finirete
finiscono	finivano	finirono	finiranno

Ausiliare : **avere**.

Condizionale	Imperativo	Congiuntivo	
Presente		**Presente**	**Imperfetto**
canterei		canti	cantassi
canteresti	canta	canti	cantassi
canterebbe	canti	canti	cantasse
canteremmo	cantiamo	cantiamo	cantassimo
cantereste	cantate	cantiate	cantaste
canterebbero	cantino	cantino	cantassero

Ausiliare : **avere**.

temerei		tema	temessi
temeresti	temi	tema	temessi
temerebbe	tema	tema	temesse
temeremmo	temiamo	temiamo	temessimo
temereste	temete	temiate	temeste
temerebbero	temano	temano	temessero

Ausiliare : **avere**.

sentirei		senta	sentissi
sentiresti	senti	senta	sentissi
sentirebbe	senta	senta	sentisse
sentiremmo	sentiamo	sentiamo	sentissimo
sentireste	sentite	sentiate	sentiste
sentirebbero	sentano	sentano	sentissero

Ausiliare : **avere**.

finirei		finisca	finissi
finiresti	finisci	finisca	finissi
finirebbe	finisca	finisca	finisse
finiremmo	finiamo	finiamo	finissimo
finireste	finite	finiate	finiste
finirebbero	finiscano	finiscano	finissero

1. Verbi in **care** : **Pescare**, pescante, pescato, pescando.

Modo Indicativo

Presente	Imperfetto	Passato remoto	Futuro
pesco	pescavo (a)	pescai	pescherò
peschi	pescavi	pescasti	pescherai
pesca	pescava	pescò	pescherà
peschiamo	pescavamo	pescammo	pescheremo
pescate	pescavate	pescaste	pescherete
pescano	pescavano	pescarono	pescheranno

2. Verbi in **gare** : **Legare**, legante, legato, legando.

lego	legavo (a)	legai	legherò
leghi	legavi	legasti	legherai
lega	legava	legò	legherà
leghiamo	legavamo	legammo	legheremo
legate	legavate	legaste	legherete
legano	legavano	legarono	legheranno

3. Verbi in **ciare** : **Lanciare**, lanciante, lanciato, lanciando

lancio	lanciavo (a)	lanciai	lancerò
lanci	lanciavi	lanciasti	lancerai
lancia	lanciava	lanciò	lancerà
lanciamo	lanciavamo	lanciammo	lanceremo
lanciate	lanciavate	lanciaste	lancerete
lanciano	lanciavano	lanciarono	lanceranno

4. Verbi in **giare** : **Mangiare**, mangiante, mangiato, mangiando.

mangio	mangiavo (a)	mangiai	mangerò
mangi	mangiavi	mangiasti	mangerai
mangia	mangiava	mangiò	mangerà
mangiamo	mangiavamo	mangiammo	mangeremo
mangiate	mangiavate	mangiaste	mangerete
mangiano	mangiavano	mangiarono	mangeranno

Ausiliare : **avere.**

Condizionale	Imperativo	Congiuntivo	
Presente		**Presente**	**Imperfetto**
pescherei		peschi	pescassi
pescheresti	pesca	peschi	pescassi
pescherebbe	peschi	peschi	pescasse
pescheremmo	peschiamo	peschiamo	pescassimo
peschereste	pescate	peschiate	pescaste
pescherebbero	peschino	peschino	pescassero

Ausiliare : **avere.**

legherei		leghi	legassi
legheresti	lega	leghi	legassi
legherebbe	leghi	leghi	legasse
legheremmo	leghiamo	leghiamo	legassimo
leghereste	legate	leghiate	legaste
legherebbero	leghino	leghino	legassero

Ausiliare : **avere.**

lancerei		lanci	lanciassi
lanceresti	lancia	lanci	lanciassi
lancerebbe	lanci	lanci	lanciasse
lanceremmo	lanciamo	lanciamo	lanciassimo
lancereste	lanciate	lanciate	lanciaste
lancerebbero	lancino	lancino	lanciassero

Ausiliare : **avere.**

mangerei		mangi	mangiassi
mangeresti	mangia	mangi	mangiassi
mangerebbe	mangi	mangi	mangiasse
mangeremmo	mangiamo	mangiamo	mangiassimo
mangereste	mangiate	mangiate	mangiaste
mangerebbero	mangino	mangino	mangiassero

5. Verbi in **chiare : Picchiare**, picchiante, picchiato, picchiando.

Modo Indicativo

Presente	Imperfetto	Passato remoto	Futuro
picchio	picchiavo (a)	picchiai	picchierò
picchi	picchiavi	picchiasti	picchierai
picchia	picchiava	picchiò	picchierà
picchiamo	picchiavamo	picchiammo	picchieremo
picchiate	picchiavate	picchiaste	picchierete
picchiano	picchiavano	picchiarono	picchieranno

6. Verbi in **ghiare : Ringhiare**, ringhiante, ringhiato, ringhiando

ringhio	ringhiavo (a)	ringhiai	ringhierò
ringhi	ringhiavi	ringhiasti	ringhierai
ringhia	ringhiava	ringhiò	ringhierà
ringhiamo	ringhiavamo	ringhiammo	ringhieremo
ringhiate	ringhiavate	ringhiaste	ringhierete
ringhiano	ringhiavano	ringhiarono	ringhieranno

7. Verbi in **gliare : Tagliare**, tagliante, tagliato, tagliando.

taglio	tagliavo (a)	tagliai	taglierò
tagli	tagliavi	tagliasti	taglierai
taglia	tagliava	tagliò	taglierà
tagliamo	tagliavamo	tagliammo	taglieremo
tagliate	tagliavate	tagliaste	taglierete
tagliano	tagliavano	tagliarono	taglieranno

8. Verbi in **iare : Inviare**, inviante, inviato, inviando.

invio	inviavo (a)	inviai	invierò
invii	inviavi	inviasti	invierai
invia	inviava	inviò	invierà
inviamo	inviavamo	inviammo	invieremo
inviate	inviavate	inviaste	invierete
inviano	inviavano	inviarono	invieranno

Ausiliare : **avere.**

Condizionale	Imperativo	Congiuntivo	
Presente		**Presente**	**Imperfetto**
picchierei		picchi	picchiassi
picchieresti	picchia	picchi	picchiassi
picchierebbe	picchi	picchi	picchiasse
picchieremmo	picchiamo	picchiamo	picchiassimo
picchiereste	picchiate	picchiate	picchiaste
picchierebbero	picchino	picchino	picchiassero

Ausiliare : **avere.**

ringhierei		ringhi	ringhiassi
ringhieresti	ringhia	ringhi	ringhiassi
ringhierebbe	ringhi	ringhi	ringhiasse
ringhieremmo	ringhiamo	ringhiamo	ringhiassimo
ringhiereste	ringhiate	ringhiate	ringhiaste
ringhierebbero	ringhino	ringhino	ringhiassero

Ausiliare : **avere.**

taglierei		tagli	tagliassi
taglieresti	taglia	tagli	tagliassi
taglierebbe	tagli	tagli	tagliasse
taglieremmo	tagliamo	tagliamo	tagliassimo
tagliereste	tagliate	tagliate	tagliaste
taglierebbero	taglino	taglino	tagliassero

Ausiliare : **avere.**

invierei		invii	inviassi
invieresti	invia	invii	inviassi
invierebbe	invii	invii	inviasse
invieremmo	inviamo	inviiamo	inviassimo
inviereste	inviate	inviiate	inviaste
invierebbero	inviino	inviino	inviassero

Andare, andante, andato, andando.

Modo Indicativo

Presente	Imperfetto	Passato remoto	Futuro
vado (vo)	andavo (a)	andai	andrò
vai	andavi	andasti	andrai
va	andava	andò	andrà
andiamo	andavamo	andammo	andremo
andate	andavate	andaste	andrete
vanno	andavano	andarono	andranno

Dare (dante), dato, dando.

do	davo (a)	diedi (detti)	darò
dai	davi	desti	darai
dà	dava	diede (dètte)	darà
diamo	davamo	demmo	daremo
date	davate	deste	darete
danno	davano	diedero (dettero)	daranno

Fare[1], facente, fatto, facendo.

faccio (fo)	facevo (a)	feci	farò
fai	facevi	facesti	farai
fa	faceva	fece	farà
facciamo	facevamo	facemmo	faremo
fate	facevate	faceste	farete
fanno	facevano	fecero	faranno

Stare, stante, stato, stando.

sto	stavo (a)	stetti	starò
stai	stavi	stesti	starai
sta	stava	stette	starà
stiamo	stavamo	stemmo	staremo
state	stavate	steste	starete
stanno	stavano	stettero	staranno

[1] Per etimologia appartiene alla II coniugazione : **facere.**
Malfare (dif.), malfacente, malfatto.

Ausiliare : **essere**.

Condizionale	Imperativo	Congiuntivo	
Presente		**Presente**	**Imperfetto**
andrei		vada	andassi
andresti	và (vai)	vada	andassi
andrebbe	vada	vada	andasse
andremmo	andiamo	andiamo	andassimo
andreste	andate	andiate	andaste
andrebbero	vadano	vadano	andassero

Ausiliare: **avere**.

darei		dia	dessi
daresti	dà (dai)	dia	dessi
darebbe	dia	dia	desse
daremmo	diamo	diamo	dessimo
dareste	date	diate	deste
darebbero	diano	diano	dessero

Ausiliare : **avere**.

farei		faccia	facessi
faresti	fa	faccia	facessi
farebbe	faccia	faccia	facesse
faremmo	facciamo	facciamo	facessimo
fareste	fate	facciate	faceste
farebbero	facciano	facciano	facessero

Ausiliare : **essere**.

starei		stia	stessi
staresti	sta	stia	stessi
starebbe	stia	stia	stesse
staremmo	stiamo	stiamo	stessimo
stareste	state	stiate	steste
starebbero	stiano	stiano	stessero

Accendere, accendente, acceso, accendendo.

Modo Indicativo

Presente	Imperfetto	Passato remoto	Futuro
accendo	accendevo (a)	accesi	accenderò
accendi	accendevi	accendesti	accenderai
accende	accendeva	accese	accenderà
accendiamo	accendevamo	accendemmo	accenderemo
accendete	accendevate	accendeste	accenderete
accendono	accendevano	accesero	accenderanno

Addurre, adducente, addotto, adducendo.

adduco	adducevo (a)	addussi	addurrò
adduci	adducevi	adducesti	addurrai
adduce	adduceva	addusse	addurrà
adduciamo	adducevamo	adducemmo	addurremo
adducete	adducevate	adduceste	addurrete
adducono	adducevano	addussero	addurranno

Affliggere, affligente, afflitto, affligendo.

affliggo	affliggevo (a)	afflissi	affliggerò
affliggi	affliggevi	affliggesti	affliggerai
affligge	affliggeva	afflisse	affliggerà
affliggiamo	affliggevamo	affliggemmo	affliggeremo
affliggete	affliggevate	affliggeste	affliggerete
affliggono	affliggevano	afflissero	affliggeranno

Alludere, alludente, alluso, alludendo.

alludo	alludevo (a)	allusi	alluderò
alludi	alludevi	alludeste	alluderai
allude	alludeva	alluse	alluderà
alludiamo	alludevamo	alludemmo	alluderemo
alludete	alludevate	alludeste	alluderete
alludono	alludevano	allusero	alluderanno

Acquiescere, p. pr. : acquiescente.
Affiggere, come affliggere, salvo p. p. affisso.

Ausiliare : **avere.**

Condizionale	Imperativo	Congiuntivo	
Presente		**Presente**	**Imperfetto**
accenderei		accenda	accendessi
accenderesti	accendi	accenda	accendessi
accenderebbe	accenda	accenda	accendesse
accenderemmo	accendiamo	accendiamo	accendessimo
accendereste	accendete	accendiate	accendeste
accenderebbero	accendano	accendano	accendessero

Ausiliare : **avere.**

addurrei		adduca	adducessi
addurresti	adduci	adduca	adducessi
addurrebbe	adduca	adduca	adducesse
addurremmo	adduciamo	adduciamo	adducessimo
addurreste	adducete	adduciate	adduceste
addurrebbero	adducano	adducano	adducessero

Ausiliare : **avere.**

affliggerei		affligga	affliggessi
affliggeresti	affliggi	affligga	affliggessi
affliggerebbe	affligga	affligga	affliggesse
affliggeremmo	affliggiamo	affliggiamo	affliggessimo
affliggereste	affliggete	affliggiate	affliggeste
affliggerebbero	affliggano	affliggano	affliggessero

Ausiliare : **avere.**

alluderei		alluda	alludessi
alluderesti	alludi	alluda	alludessi
alluderebbe	alluda	alluda	alludesse
alluderemmo	alludiamo	alludiamo	alludessimo
alludereste	alludete	alludiate	alludeste
alluderebbero	alludano	alludano	alludessero

Algere (poetico) alsi, alse, algente.
Angere (poetico) ange, angono, angeva, angevano.

Appendere, appendente, appeso, appendendo.

Modo Indicativo

Presente	Imperfetto	Passato remoto	Futuro
appendo	appendevo (a)	appesi	appenderò
appendi	appendevi	appendesti	appenderai
appende	appendeva	appese	appenderà
appendiamo	appendevamo	appendemmo	appenderemo
appendete	appendevate	appendeste	appenderete
appendono	appendevano	appesero	appenderanno

Ardere, ardente, arso, ardendo.

ardo	ardevo (a)	arsi	arderò
ardi	ardevi	ardesti	arderai
arde	ardeva	arse	arderà
ardiamo	ardevamo	ardemmo	arderemo
ardete	ardevate	ardeste	arderete
ardono	ardevano	arsero	arderanno

Aspergere, aspergente, asperso, aspergendo.

aspergo	aspergevo (a)	aspersi	aspergerò
aspergi	aspergevi	aspergesti	aspergerai
asperge	aspergeva	asperse	aspergerà
aspergiamo	aspergevamo	aspergemmo	aspergeremo
aspergete	aspergevate	aspergeste	aspergerete
aspergono	aspergevano	aspersero	aspergeranno

Assumere, assumente, assunto, assumendo.

assumo	assumevo (a)	assunsi	assumerò
assumi	assumevi	assumesti	assumerai
assume	assumeva	assunse	assumerà
assumiamo	assumevamo	assumemmo	assumeremo
assumete	assumevate	assumeste	assumerete
assumono	assumevano	assunsero	assumeranno

Antivedere, come vedere ; p. pr. antiveggente.
Arrogere (difettivo) arroge, arroto.
Assidersi : mi assido, mi assisi, assiso, ecc.

Ausiliare : **avere**.

Condizionale	Imperativo	Congiuntivo	
Presente		**Presente**	**Imperfetto**
appenderei		appenda	appendessi
appenderesti	appendi	appenda	appendessi
appenderebbe	appenda	appenda	appendesse
appenderemmo	appendiamo	appendiamo	appendessimo
appendereste	appendete	appendiate	appendeste
appenderebbero	appendano	appendano	appendessero

Ausiliare : **avere**.

arderei		arda	ardessi
arderesti	ardi	arda	ardessi
arderebbe	arda	arda	ardesse
arderemmo	ardiamo	ardiamo	ardessimo
ardereste	ardete	ardiate	ardeste
arderebbero	ardano	ardano	ardessero

Ausiliare : **avere**.

aspergerei		asperga	aspergessi
aspergeresti	aspergi	asperga	aspergessi
aspergerebbe	asperga	asperga	aspergesse
aspergeremmo	aspergiamo	aspergiamo	aspergessimo
aspergereste	aspergete	aspergiate	aspergeste
aspergerebbero	aspergano	aspergano	aspergessero

Ausiliare : **avere**.

assumerei		assuma	assumessi
assumeresti	assumi	assuma	assumessi
assumerebbe	assuma	assuma	assumesse
assumeremmo	assumiamo	assumiamo	assumessimo
assumereste	assumete	assumiate	assumeste
assumerebbero	assumano	assumano	assumessero

Bere (*bevere*), ·bevente, bevuto, bevendo.

Modo Indicativo

Presente	Imperfetto	Passato remoto	Futuro
bevo (*beo*)	bevevo (*a*)	bevvi (*bevetti*)	berrò (*beverò, ecc.*)
bevi (*bei*)	bevevi	bevesti	berrai
beve	beveva	bevve (*bevette*)	berrà
beviamo	bevevamo	bevemmo	berremo
bevete	bevevate	beveste	berrete
bevono	bevevano	bevvero (*bevettero*)	berranno

Cadere, cadente, caduto, cadendo.

cado	cadevo (*a*)	caddi	cadrò
cadi	cadevi	cadesti	cadrai
cade	cadeva	cadde	cadrà
cadiamo	cadevamo	cademmo	cadremo
cadete	cadevate	cadeste	cadrete
cadono	cadevano	caddero	cadranno

Cedere, cedente, ceduto (*cesso*) cedendo.

cedo	cedevo (*a*)	cedei (*cedetti, cessi*)	cederò
cedi	cedevi	cedesti	cederai
cede	cedeva	cedè (*cesse*)	cederà
cediamo	cedevamo	cedemmo	cederemo
cedete	cedevate	cedeste	cederete
cedono	cedevano	cederono (*cessero*)	cederanno

Chiedere, chiedente, chiesto, chiedendo.

chiedo	chiedevo(*a*)	chiesi	chiederò
chiedi	chiedevi	chiedesti	chiederai
chiede	chiedeva	chiese	chiederà
chiediamo	chiedevamo	chiedemmo	chiederemo
chiedete	chiedevate	chiedeste	chiederete
chiedono	chiedevano	chiesero	chiederanno

Calere (difettivo).

cale	caleva	calse	carrà

Ausiliare : **avere**.

Condizionale	Imperativo	Congiuntivo	
Presente		**Presente**	**Imperfetto**
berrei (*beverei, ecc.*)		beva	bevessi
berresti	bevi	beva	bevessi
berrebbe	beva	beva	bevesse
berremmo	beviamo	beviamo	bevessimo
berreste	bevete	beviate	beveste
berrebbero	bevano	bevano	bevessero

Ausiliare : **essere**.

cadrei		cada	cadessi
cadresti	cadi	cada	cadessi
cadrebbe	cada	cada	cadesse
cadremmo	cadiamo	cadiamo	cadessimo
cadreste	cadete	cadiate	cadeste
cadrebbero	cadano	cadano	cadessero

Ausiliare : **avere**.

cederei		ceda	cedessi
cederesti	cedi	ceda	cedessi
cederebbe	ceda	ceda	cedesse
cederemmo	cediamo	cediamo	cedessimo
cedereste	cedete	cediate	cedeste
cederebbero	cedano	cedano	cedessero

Ausiliare : **avere**.

chiederei		chieda	chiedessi
chiederesti	chiedi	chieda	chiedessi
chiederebbe	chieda	chieda	chiedesse
chiederemmo	chiediamo	chiediamo	chiedessimo
chiedereste	chiedete	chiediate	chiedeste
chiederebbero	chiedano	chiedano	chiedessero

carrebbe	calga	calga	calesse

Chiudere, chiudente, chiuso, chiudendo.

Modo Indicativo

Presente	Imperfetto	Passato remoto	Futuro
chiudo	chiudevo (a)	chiusi	chiuderò
chiudi	chiudevi	chiudesti	chiuderai
chiude	chiudeva	chiuse	chiuderà
chiudiamo	chiudevamo	chiudemmo	chiuderemo
chiudete	chiudevate	chiudeste	chiuderete
chiudono	chiudevano	chiusero	chiuderanno

Cingere, cingente, cinto, cingendo.

cingo	cingevo (a)	cinsi	cingerò
cingi	cingevi	cingesti	cingerai
cinge	cingeva	cinse	cingerà
cingiamo	cingevamo	cingemmo	cingeremo
cingete	cingevate	cingeste	cingerete
cingono	cingevano	cinsero	cingeranno

Cogliere, cogliente, colto; cogliendo.

colgo	coglievo (a)	colsi	coglierò
cogli	coglievi	cogliesti	coglierai
coglie	coglieva	colse	coglierà
cogliamo	coglievamo	cogliemmo	coglieremo
cogliete	coglievate	coglieste	coglierete
colgono	coglievano	colsero	coglieranno

Compiere, compiente, compiuto, compiendo.

compio	compievo (a)	compiei	compierò
compi	compievi	compiesti	compierai
compie	compieva	compiè	compierà
compiamo	compievamo	compiemmo	compieremo
compiete	compievate	compieste	compierete
compiono	compievano	compierono	compieranno

Colere (difettivo) p. p. colto.

Ausiliare : **avere.**

Condizionale	Imperativo	Congiuntivo	
Presente		**Presente**	**Imperfetto**
chiuderei		chiuda	chiudessi
chiuderesti	chiudi	chiuda	chiudessi
chiuderebbe	chiuda	chiuda	chiudesse
chiuderemmo	chiudiamo	chiudiamo	chiudessimo
chiudereste	chiudete	chiudiate	chiudeste
chiuderebbero	chiudano	chiudano	chiudessero

Ausiliare : **avere.**

cingerei		cinga	cingessi
cingeresti	cingi	cinga	cingessi
cingerebbe	cinga	cinga	cingesse
cingeremmo	cingiamo	cingiamo	cingessimo
cingereste	cingete	cingiate	cingeste
cingerebbero	cingano	cingano	cingessero

Ausiliare : **avere.**

coglierei		colga	cogliessi
coglieresti	cogli	colga	cogliessi
coglierebbe	colga	colga	cogliesse
coglieremmo	cogliamo	cogliamo	cogliessimo
cogliereste	cogliete	cogliate	coglieste
coglierebbero	colgano	colgano	cogliessero

Ausiliare : **avere ed essere.**

compierei		compia	compiessi
compieresti	compi	compia	compiessi
compierebbe	compia	compia	compiesse
compieremmo	compiamo	compiamo	compiessimo
compiereste	compiete	compiate	compieste
compierebbero	compiano	compiano	compiessero

Comprimere, comprimente, compresso, comprimendo.

Modo Indicativo

Present	Imperfetto	Passato remoto	Futuro
comprimo	comprimevo (a)	compressi	comprimerò
comprimi	comprimevi	comprimesti	comprimerai
comprime	comprimeva	compresse	comprimerà
comprimiamo	comprimevamo	comprimemmo	comprimeremo
comprimete	comprimevate	comprimeste	comprimerete
comprimono	comprimevano	compressero	comprimeranno

Concedere, concedente, concesso, concedendo.

concedo	concedevo (a)	concessi (cedei)	concederò
concedi	concedevi	concedesti	concederai
concede	concedeva	concesse (cedè)	concederà
concediamo	concedevamo	concedemmo	concederemo
concedete	concedevate	concedeste	concederete
concedono	concedevano	concessero (derono)	concederanno

Connettere, connetente, connesso, connettendo.

connetto	connettevo (a)	connessi	connetterò
connetti	connettevi	connettesti	connetterai
connette	connetteva	connesse	connetterà
connettiamo	connettevamo	connettemmo	connetteremo
connettete	connettevate	connetteste	connetterete
connettono	connettevano	connessero	connetteranno

Conoscere, conoscente, conosciuto, conoscendo.

conosco	conoscevo (a)	conobbi	conoscerò
conosci	conoscevi	conoscesti	conoscerai
conosce	conosceva	conobbe	conoscerà
conosciamo	conoscevamo	conoscemmo	conosceremo
conoscete	conoscevate	conosceste	conoscerete
conoscono	conoscevano	conobbero	conosceranno

Concernere (dif.) concernente, senza p. rem. e p. p.
Conquidere, conquido, conquisi, conquiso ; ausiliare : **avere**.

Ausiliare : **avere**

Condizionale	Imperativo	Congiuntivo	
Presente		**Presente**	**Imperfetto**
comprimerei		comprima	comprimessi
comprimeresti	comprimi	comprima	comprimessi
comprimerebbe	comprima	comprima	comprimesse
comprimeremmo	comprimiamo	comprimiamo	comprimessimo
comprimereste	comprimete	comprimiate	comprimeste
comprimerebbero	comprimano	comprimano	comprimessero

Ausiliare : **avere**.

concederei		conceda	concedessi
concederesti	concedi	conceda	concedessi
concederebbe	conceda	conceda	concedesse
concederemmo	concediamo	concediamo	concedessimo
concedereste	concedete	concediate	concedeste
concederebbero	concedano	concedano	concedessero

Ausiliare : **avere**.

connetterei		connetta	connettessi
connetteresti	connetti	connetta	connettessi
connetterebbe	connetta	connetta	connettesse
connetteremmo	connettiamo	connettiamo	connettessimo
connettereste	connettete	connettiate	connetteste
connetterebbero	connettano	connettano	connettessero

Ausiliare : **avere**.

conoscerei		conosca	conoscessi
conosceresti	conosci	conosca	conoscessi
conoscerebbe	conosca	conosca	conoscesse
conosceremmo	conosciamo	conosciamo	conoscessimo
conoscereste	conoscete	conosciate	conosceste
conoscerebbero	conoscano	conoscano	conoscessero

Contundere, contundente, contuso, contundendo.

Modo Indicativo

Presente	Imperfetto	Passato remoto	Futuro
contundo	contundevo (a)	contusi	contunderò
contundi	contundevi	contundesti	contunderai
contunde	contundeva	contuse	contunderà
contundiamo	contundevamo	contundemmo	contunderemo
contundete	contundevate	contundeste	contunderete
contundono	contundevano	contusero	contunderanno

Correre, corrente, corso, correndo.

corro	correvo (a)	corsi	correrò
corri	correvi	corresti	correrai
corre	correva	corse	correrà
corriamo	correvamo	corremmo	correremo
correte	correvate	correste	correrete
corrono	correvano	corsero	correranno

Crescere, crescente, cresciuto, crescendo.

cresco	crescevo (a)	crebbi	crescerò
cresci	crescevi	crescesti	crescerai
cresce	cresceva	crebbe	crescerà
cresciamo	crescevamo	crescemmo	cresceremo
crescete	crescevate	cresceste	crescerete
crescono	crescevano	crebbero	cresceranno

Cuocere (cocere), cocente, cotto, cocendo.

cuocio, cocio[1]	cuocevo (a)	cossi	cuocerò
cuoci	cuocevi	cocesti	cuocerai
cuoce	cuoceva	cosse	cuocerà
cuociamo	cuocevamo	cocemmo	cuoceremo
cuocete	cuocevate	coceste	cuocerete
cuociono	cuocevano	cossero	cuoceranno

Controvertere (dif.) : controverto, controverteva, controverso (agg.).

Convergere (dif.) : converge, convergeva, convergente.

---

[1] È tendenza moderna il sopprimere l'*u* del radicale.

Ausiliare : **avere**.

Condizionale	Imperativo	Congiuntivo	
Presente		**Presente**	**Imperfetto**
contunderei		contunda	contundessi
contunderesti	contundi	contunda	contundessi
contunderebbe	contunda	contunda	contundesse
contunderemmo	contundiamo	contundiamo	contundessimo
contundereste	contundete	contundiate	contundeste
contunderebbero	contundano	contundano	contundessero

Ausiliare : **essere** (avere).

correrei		corra	corressi
correresti	corri	corra	corressi
correrebbe	corra	corra	corresse
correremmo	corriamo	corriamo	corressimo
correreste	correte	corriate	correste
correrebbero	corrano	corrano	corressero

Ausiliare : **essere**.

crescerei		cresca	crescessi
cresceresti	cresci	cresca	crescessi
crescerebbe	cresca	cresca	crescesse
cresceremmo	cresciamo	cresciamo	crescessimo
crescereste	crescete	cresciate	cresceste
crescerebbero	crescano	crescano	crescessero

Ausiliare : **avere**.

cuocerei		cuocia	cuocessi
cuoceresti	cuoci	cuocia	cuocessi
cuocerebbe	cuocia	cuocia	cuocesse
cuoceremmo	cuociamo	cuociamo	cuocessimo
cuocereste	cuocete	cuociate	cuoceste
cuocerebbero	cuociano	cuociano	cuocessero

Decidere, —, deciso, decidendo.

Modo Indicativo

Presente	Imperfetto	Passato remoto	Futuro
decido	decidevo (a)	decisi	deciderò
decidi	decidevi	decidesti	deciderai
decide	decideva	decise	deciderà
decidiamo	decidevamo	decidemmo	decideremo
decidete	decidevate	decideste	deciderete
decidono	decidevano	decisero	decideranno

Difendere, difendente, difeso, difendendo.

difendo	difendevo (a)	difesi	difenderò
difendi	difendevi	difendesti	difenderai
difende	difendeva	difese	difenderà
difendiamo	difendevamo	difendemmo	difenderemo
difendete	difendevate	difendeste	difenderete
difendono	difendevano	difesero	difenderanno

Dipendere, dipendente, dipeso, dipendendo.

dipendo	dipendevo (a)	dipesi	dipenderò
dipendi	dipendevi	dipendesti	dipenderai
dipende	dipendeva	dipese	dipenderà
dipendiamo	dipendevamo	dipendemmo	dipenderemo
dipendete	dipendevate	dipendeste	dipenderete
dipendono	dipendevano	dipesero	dipenderanno

Dirigere, dirigente, diretto, dirigendo.

dirigo	dirigevo (a)	diressi	dirigerò
dirigi	dirigevi	dirigesti	dirigerai
dirige	dirigeva	diresse	dirigerà
dirigiamo	dirigevamo	dirigemmo	dirigeremo
dirigete	dirigevate	dirigeste	dirigerete
dirigono	dirigevano	diressero	dirigeranno

Delinquere (dif.) : delinquente.
Diligere (dif.) : p. r. dilessi, ecc. ; p. p. : diletto (agg.).
Discernere, regolare.

Ausiliare : **avere**.

Condizionale	Imperativo	Congiuntivo	
Presente		**Presente**	**Imperfetto**
deciderei		decida	decidessi
decideresti	decidi	decida	decidessi
deciderebbe	decida	decida	decidesse
decideremmo	decidiamo	decidiamo	decidessimo
decidereste	decidete	decidiate	decideste
deciderebbero	decidano	decidano	decidessero

Ausiliare: **avere**.

difenderei		difenda	difendessi
difenderesti	difendi	difenda	difendessi
difenderebbe	difenda	difenda	difendesse
difenderemmo	difendiamo	difendiamo	difendessimo
difendereste	difendete	difendiate	difendeste
difenderebbero	difendano	difendano	difendessero

Ausiliare : **essere** (o **avere**).

dipenderei		dipenda	dipendessi
dipenderesti	dipendi	dipenda	dipendessi
dipenderebbe	dipenda	dipenda	dipendesse
dipenderemmo	dipendiamo	dipendiamo	dipendessimo
dipendereste	dipendete	dipendiate	dipendeste
dipenderebbero	dipendano	dipendano	dipendessero

Ausiliare : **avere**

dirigerei		diriga	dirigessi
dirigeresti	dirigi	diriga	dirigessi
dirigerebbe	diriga	diriga	dirigesse
dirigeremmo	dirigiamo	dirigiamo	dirigessimo
dirigereste	dirigete	dirigiate	dirigeste
dirigerebbero	dirigano	dirigano	dirigessero

Discutere, discutente, discusso, discutendo. o.

Modo Indicativo

Presente	Imperfetto	Passato remoto	Futuro
discuto	discutevo (a)	discussi	discuterò
discuti	discutevi	discutesti	discuterai
discute	discuteva	discusse	discuterà
discutiamo	discutevamo	discutemmo	discuteremo
discutete	discutevate	discuteste	discuterete
discutono	discutevano	discussero	discuteranno

Distinguere, distinguente, distinto, distinguendo.

distinguo	distinguevo (a)	distinsi	distinguerò
distingui	distinguevi	distinguesti	distinguerai
distingue	distingueva	distinse	distinguerà
distinguiamo	distinguevamo	distinguemmo	distingueremo
distinguete	distinguevate	distingueste	distinguerete
distinguono	distinguevano	distinsero	distingueranno

Distruggere, distruggente, distrutto, distruggendo.

distruggo	distruggevo (a)	distrussi	distruggerò
distruggi	distruggevi	distruggesti	distruggerai
distrugge	distruggeva	distrusse	distruggerà
distruggiamo	distruggevamo	distruggemmo	distruggeremo
distruggete	distruggevate	distruggeste	distruggerete
distruggono	distruggevano	distrussero	distruggeranno

Dividere, dividente, diviso, dividendo.

divido	dividevo (a)	divisi	dividerò
dividi	dividevi	dividesti	dividerai
divide	divideva	divise	dividerà
dividiamo	dividevamo	dividemmo	divideremo
dividete	dividevate	divideste	dividerete
dividono	dividevano	divisero	divideranno

Divergere (dif.) : divergo, ecc., divergei, divergente.

Ausiliare : **avere**.

Condizionale	Imperativo	Congiuntivo	
Presente		**Presente**	**Imperfetto**
discuterei		discuta	discutessi
discuteresti	discuti	discuta	discutessi
discuterebbe	discuta	discuta	discutesse
discuteremmo	discutiamo	discutiamo	discutessimo
discutereste	discutete	discutiate	discuteste
discuterebbero	discutano	discutano	discutessero

Ausiliare : **avere**.

distinguerei		distingua	distinguessi
distingueresti	distingui	distingua	distinguessi
distinguerebbe	distingua	distingua	distinguesse
distingueremmo	distinguiamo	distinguiamo	distinguessimo
distinguereste	distinguete	distinguiate	distingueste
distinguerebbero	distinguano	distinguano	distinguessero

Ausiliare : **avere**.

distruggerei		distrugga	distruggessi
distruggeresti	distruggi	distrugga	distruggessi
distruggerebbe	distrugga	distrugga	distruggesse
distruggeremmo	distruggiamo	distruggiamo	distruggessimo
distruggereste	distruggete	distruggiate	distruggeste
distruggerebbero	distruggano	distruggano	distruggessero

Ausiliare : **avere**.

dividerei		divida	dividessi
divideresti	dividi	divida	dividessi
dividerebbe	divida	divida	dividesse
divideremmo	dividiamo	dividiamo	dividessimo
dividereste	dividete	dividiate	divideste
dividerebbero	dividano	dividano	dividessero

Dolere, dolente, doluto, dolendo.

Modo Indicativo

Presente	Imperfetto	Passato remoto	Futuro
dolgo	dolevo (a)	dolsi	dorrò
duoli (doli)	dolevi	dolesti	dorrai
duole (dole)	doleva	dolse	dorrà
dogliamo	dolevamo	dolemmo	dorremo
dolete	dolevate	doleste	dorrete
dolgono	dolevano	dolsero	dorranno

Dovere, dovente, dovuto, dovendo.

devo (debbo)	dovevo (a)	dovetti (dovei)	dovrò
devi	dovevi	dovesti	dovrai
deve	doveva	dovette (dovè)	dovrà
dobbiamo	dovevamo	dovemmo	dovremo
dovete	dovevate	doveste	dovrete
devono	dovevano	dovettero	dovranno
(debbono)		(doverono)	

Elidere, elidente, eliso, elidendo.

elido	elidevo (a)	elisi	eliderò
elidi	elidevi	elidesti	eliderai
elide	elideva	elise	eliderà
elidiamo	elidevamo	elidemmo	elideremo
elidete	elidevate	elideste	eliderete
elidono	elidevano	elisero	elideranno

Emergere, emergente, emerso, emergendo.

emergo	emergevo (a)	emersi	emergerò
emergi	emergevi	emergesti	emergerai
emerge	emergeva	emerse	emergerà
emergiamo	emergevamo	emergemmo	emergeremo
emergete	emergevate	emergeste	emergerete
emergono	emergevano	emersero	emergeranno

Eccellere (dif.) eccelle, eccelleva, eccellente, eccelso, eccellendo.

Ausiliare : **essere**.

Condizionale	Imperativo	Congiuntivo	
Presente		**Presente**	**Imperfetto**
dorrei		dolga	dolessi
dorresti	duoli	dolga	dolessi
dorrebbe	dolga	dolga	aolesse
dorremmo	dogliamo	dogliamo	dolessimo
dorreste	dogliete	dogliate	doleste
dorrebbero	dolgano	dolgano	dolessero

Ausiliare : **avere** (essere).

dovrei	[1]	debba	dovessi
dovresti	devi *(dei)*	debba	dovessi
dovrebbe	debba *(deva)*	debba	dovesse
dovremmo	dobbiamo	dobbiamo	dovessimo
dovreste	dovete	dobbiate	doveste
dovrebbero	debbano *(devano)*	debbano	dovessero

Ausiliare : **avere**.

eliderei		elida	elidessi
elideresti	elidi	elida	elidessi
eliderebbe	elida	elida	elidesse
elideremmo	elidiamo	elidiamo	elidessimo
elidereste	elidete	elidiate	elideste
eliderebbero	elidano	elidano	elidessero

Ausiliare : **essere**.

emergerei		emerga	emergessi
emergeresti	emergi	emerga	emergessi
emergerebbe	emerga	emerga	emergesse
emergeremmo	emergiamo	emergiamo	emergessimo
emergereste	emergete	emergiate	emergeste
emergerebbero	emergano	emergano	emergessero

[1] Poco usato.

Erigere, erigente, eretto, erigendo.

Modo Indicativo

Presente	Imperfetto	Passato remoto	Futuro
erigo	erigevo (a)	eressi	erigerò
erigi	erigevi	erigesti	erigerai
erige	erigeva	eresse	erigerà
erigiamo	erigevamo	erigemmo	erigeremo
erigete	erigevate	erigeste	erigerete
erigono	erigèvano	eressero	erigeranno

Esigere, esigente, esatto, esigendo.

esigo	esigevo (a)	esigei (esigetti)	esigerò
esigi	esigevi	esigesti	esigerai
esige	esigeva	esigè (esigette)	esigerà
esigiamo	esigevamo	esigemmo	esigeremo
esigete	esigevate	esigeste	esigerete
esigono	esigevano	esigerono (ettero)	esigeranno

Espellere, espellente, espulso, espellendo.

espello	espellevo (a)	espulsi	espellerò
espelli	espellevi	espellesti	espellerai
espelle	espelleva	espulse	espellerà
espelliamo	espellevamo	espellemmo	espelleremo
espellete	espellevate	espelleste	espellerete
espellono	espellevano	espulsero	espelleranno

Esplodere, esplodente, esploso, esplodendo.

esplodo	esplodevo (a)	esplosi	esploderò
esplodi	esplodevi	esplodesti	esploderai
esplode	esplodeva	esplose	esploderà
esplodiamo	esplodevamo	esplodemmo	esploderemo
esplodete	esplodevate	esplodeste	esploderete
esplodono	esplodevano	esplosero	esploderanno

Ergere, ergo, ecc.; p. rem. ergei, ecc.; il resto come **erigere**.
Evadere (come esplodere), ausiliare : **essere**.

Ausiliare : **avere**

Condizionale	Imperativo	Congiuntivo	
Presente		**Presente**	**Imperfetto**
erigerei		eriga	erigessi
erigeresti	erigi	eriga	erigessi
erigerebbe	eriga	eriga	erigesse
erigeremmo	erigiamo	erigiamo	erigessimo
erigereste	erigete	erigiate	erigeste
erigerebbero	erigano	erigano	erigessero

Ausiliare : **avere**.

esigerei		esiga	esigessi
esigeresti	esigi	esiga	esigessi
esigerebbe	esiga	esiga	esigesse
esigeremmo	esigiamo	esigiamo	esigessimo
esigereste	esigete	esigiate	esigeste
esigerebbero	esigano	esigano	esigessero

Ausiliare : **avere**.

espellerei		espella	espellessi
espelleresti	espelli	espella	espellessi
espellerebbe	espella	espella	espellesse
espelleremmo	espelliamo	espelliamo	espellessimo
espellereste	espellete	espelliate	espelleste
espellerebbero	espellano	espellano	espellessero

Ausiliare : **avere**.

esploderei		esploda	esplodessi
esploderesti	esplodi	esploda	esplodessi
esploderebbe	esploda	esploda	esplodesse
esploderemmo	esplodiamo	esplodiamo	esplodessimo
esplodereste	esplodete	esplodiate	esplodeste
esploderebbero	esplodano	esplodano	esplodessero

Fendere, fendente, fesso, (fenduto), fendendo.

Modo Indicativo

Presente	Imperfetto	Passato remoto	Futuro
fendo	fendevo (a)	fendei	fenderò
fendi	fendevi	fendesti	fenderai
fende	fendeva	fendè	fenderà
fendiamo	fendevamo	fendemmo	fenderemo
fendete	fendevate	fendeste	fenderete
fendono	fendevano	fenderono	fenderanno

Fingere, fingente, finto, fingendo.

fingo	fingevo (a)	finsi	fingerò
fingi	fingevi	fingesti	fingerai
finge	fingeva	finse	fingerà
fingiamo	fingevamo	fingemmo	fingeremo
fingete	fingevate	fingeste	fingerete
fingono	fingevano	finsero	fingeranno

Flettere, flettente, flesso (flettuto), flettendo.

fletto	flettevo (a)	flettei	fletterò
fletti	flettevi	flettesti	fletterai
flette	fletteva	flettè	fletterà
flettiamo	flettevamo	flettemmo	fletteremo
flettete	flettevate	fletteste	fletterete
flettono	flettevano	fletterono	fletteranno

Fondere, fondente, fuso, fondendo.

fondo	fondevo (a)	fusi	fonderò
fondi	fondevi	fondesti	fonderai
fonde	fondeva	fuse	fonderà
fondiamo	fondevamo	fondemmo	fonderemo
fondete	fondevate	fondeste	fonderete
fondono	fondevano	fusero	fonderanno

Fervere, reg. (dif.) senza p. p. e tempi composti.
Figgere : come affligere p p. fitto (fisso, fiso).

Ausiliare : **avere**

Condizionale	Imperativo	Congiuntivo	
Presente		**Presente**	**Imperfetto**
fenderei		fenda	fendessi
fenderesti	fendi	fenda	fendessi
fenderebbe	fenda	fenda	fendesse
fenderemmo	fendiamo	fendiamo	fendessimo
fendereste	fendete	fendiate	fendeste
fenderebbero	fendano	fendano	fendessero

Ausiliare : **avere.**

fingerei		finga	fingessi
fingeresti	fingi	finga	fingessi
fingerebbe	finga	finga	fingesse
fingeremmo	fingiamo	fingiamo	fingessimo
fingereste	fingete	fingiate	fingeste
fingerebbero	fingano	fingano	fingessero

Ausiliare : **avere.**

fletterei		fletta	flettessi
fletteresti	fletti	fletta	flettessi
fletterebbe	fletta	fletta	flettesse
fletteremmo	flettiamo	flettiamo	flettessimo
flettereste	flettete	flettiate	fletteste
fletterebbero	flettano	flettano	flettessero

Ausiliare : **avere.**

fonderei		fonda	fondessi
fonderesti	fondi	fonda	fondessi
fonderebbe	fonda	fonda	fondesse
fonderemmo	fondiamo	fondiamo	fondessimo
fondereste	fondete	fondiate	fondeste
fonderebbero	fondano	fondano	fondessero

Frangere, frangente, franto, frangendo.

Modo Indicativo

Presente	Imperfetto	Passato remoto	Futuro
frango	frangevo (a)	fransi	frangerò
frangi	frangevi	frangesti	frangerai
frange	frangeva	franse	frangerà
frangiamo	frangevamo	frangemmo	frangeremo
frangete	frangevate	frangeste	frangerete
frangono	frangevano	fransero	frangeranno

Fulgere, fulgente, —, fulgendo.

fulgo	fulgevo (a)	fulsi	fulgerò
fulgi	fulgevi	fulgesti	fulgerai
fulge	fulgeva	fulse	fulgerà
fulgiamo	fulgevamo	fulgemmo	fulgeremo
fulgete	fulgevate	fulgeste	fulgerete
fulgono	fulgevano	fulsero	fulgeranno

Fungere, fungente, —, fungendo.

fungo	fungevo (a)	funsi	fungerò
fungi	fungevi	fungesti	fungerai
funge	fungeva	funse	fungerà
fungiamo	fungevamo	fungemmo	fungeremo
fungete	fungevate	fungeste	fungerete
fungono	fungevano	funsero	fungeranno

Giacere, giacente, giaciuto, giacendo.

giaccio	giacevo (a)	giacqui	giacerò
giaci	giacevi	giacesti	giacerai
giace	giaceva	giacque	giacerà
giaciamo	giacevamo	giacemmo	giaceremo
giacete	giacevate	giaceste	giacerete
giacciono	giacevano	giacquero	giaceranno

Ausiliare : **avere**.

Condizionale	Imperativo	Congiuntivo	
Presente		**Presente**	**Imperfetto**
frangerei		franga	frangessi
frangeresti	frangi	franga	frangessi
frangerebbe	franga	franga	frangesse
frangeremmo	frangiamo	frangiamo	frangessimo
frangereste	frangete	frangiate	frangeste
frangerebbero	frangano	frangano	frangessero

Senza ausiliare.

fulgerei		fulga	fulgessi
fulgeresti	fulgi	fulga	fulgessi
fulgerebbe	fulga	fulga	fulgesse
fulgeremmo	fulgiamo	fulgiamo	fulgessimo
fulgereste	fulgete	fulgiate	fulgeste
fulgerebbero	fulgano	fulgano	fulgessero

Senza ausiliare.

fungerei		funga	fungessi
fungeresti	fungi	funga	fungessi
fungerebbe	funga	funga	fungesse
fungeremmo	fungiamo	fungiamo	fungessimo
fungereste	fungete	fungiate	fungeste
fungerebbero	fungano	fungano	fungessero

Ausiliare : **avere**.

giacerei		giaccia	giacessi
giaceresti	giaci	giaccia	giacessi
giacerebbe	giacia	giaccia	giacesse
giaceremmo	giaciamo	giacciamo	giacessimo
giacereste	giacete	giacciate	giaceste
giacerebbero	giaciano	giacciano	giacessero

Giungere, giungente, giunto, giungendo.

Modo Indicativo

Presente	Imperfetto	Passato remoto	Futuro
giungo	giungevo (a)	giunsi	giungerò
giungi	giungevi	giungesti	giungerai
giunge	giungeva	giunse	giungerà
giungiamo	giungevamo	giungemmo	giungeremo
giungete	giungevate	giungeste	giungerete
giungono	giungevano	giunsero	giungeranno

Incutere, incutente, incusso, incutendo.

incuto	incutevo (a)	incussi	incuterò
incuti	incutevi	incutesti	incuterai
incute	incuteva	incusse	incuterà
incutiamo	incutevamo	incutemmo	incuteremo
incutete	incutevate	incuteste	incuterete
incutono	incutevano	incussero	incuteranno

Intridere, intridente, intriso, intridendo.

intrido	intridevo (a)	intrisi	intriderò
intridi	intridevi	intridesti	intriderai
intride	intrideva	intrise	intriderà
intridiamo	intridevamo	intridemmo	intrideremo
intridete	intridevate	intrideste	intriderete
intridono	intridevano	intrisero	intrideranno

Ledere, ledente, leso, ledendo.

ledo	ledevo (a)	lesi	lederò
ledi	ledevi	ledesti	lederai
lede	ledeva	lese	lederà
lediamo	ledevamo	ledemmo	lederemo
ledete	ledevate	ledeste	lederete
ledono	ledevano	lesero	lederanno

Godere, reg. p. pr. poet. **gaudente.**
Impellere (dif.) impellente, impulso

Ausiliare : essere.

Condizionale	Imperativo	Congiuntivo	
Presente		Presente	Imperfetto
giungerei		giunga	giungessi
giungeresti	giungi	giunga	giungessi
giungerebbe	giunga	giunga	giungesse
giungeremmo	giungiamo	giungiamo	giungessimo
giungereste	giungete	giungiate	giungeste
giungerebbero	giungano	giungano	giungessero

Ausiliare : avere.

incuterei		incuta	incutessi
incuteresti	incuti	incuta	incutessi
incuterebbe	incuta	incuta	incutesse
incuteremmo	incutiamo	incutiamo	incutessimo
incutereste	incutete	incutiate	incuteste
incuterebbero	incutano	incutano	incutessero

Ausiliare : avere.

intriderei		intrida	intridessi
intrideresti	intridi	intrida	intridessi
intriderebbe	intrida	intrida	intridesse
intrideremmo	intridiamo	intridiamo	intridessimo
intridereste	intridete	intridiate	intrideste
intriderebbero	intridano	intridano	intridessero

Ausiliare : avere.

lederei		leda	ledessi
lederesti	ledi	leda	ledessi
lederebbe	leda	leda	ledesse
lederemmo	lediamo	lediamo	ledessimo
ledereste	ledete	lediate	ledeste
lederebbero	ledano	ledano	ledessero

Indulgere, indulgo, ecc., indulsi, ecc., indulgente, indulto.
Intrudere (dif.) p. p. intruso.

Leggere, leggente, letto, leggendo.

Modo Indicativo

Presente	Imperfetto	Passato remoto	Futuro
leggo	leggevo (a)	lessi	leggerò
leggi	leggevi	leggesti	leggerai
legge	leggeva	lesse	leggerà
leggiamo	leggevamo	leggemmo	leggeremo
leggete	leggevate	leggeste	leggerete
leggono	leggevano	lessero	leggeranno

Mescere, mescente, mesciuto o misto, mescendo

mesco (mescio)	mescevo (a)	mescei	mescerò
mesci	mescevi	mescesti	mescerai
mesce	mesceva	mescè	mescerà
mesciamo	mescevamo	mescemmo	mesceremo
mescete	mescevate	mesceste	mescerete
mescono	mescevano	mescerono	mesceranno

Mettere, mettente, messo, mettendo.

metto	mettevo (a)	misi	metterò
metti	mettevi	mettesti	metterai
mette	metteva	mise	metterà
mettiamo	mettevamo	mettemmo	metteremo
mettete	mettevate	metteste	metterete
mettono	mettevano	misero	metteranno

Mordere, mordente, morso, mordendo.

mordo	mordevo (a)	morsi	morderò
mordi	mordevi	mordesti	morderai
morde	mordeva	morse	morderà
mordiamo	mordevamo	mordemmo	morderemo
mordete	mordevate	mordeste	morderete
mordono	mordevano	morsero	morderanno

Lucere (dif.), lucente.
Molcere (dif.), molci, molce, molceva.

Ausiliare : **avere.**

Condizionale	Imperativo	Congiuntivo	
Presente		**Presente**	**Imperfetto**
leggerei		legga	leggessi
leggeresti	leggi	legga	leggessi
leggerebbe	legga	legga	leggesse
leggeremmo	leggiamo	leggiamo	leggessimo
leggereste	leggete	leggiate	leggeste
leggerebbero	leggano	leggano	leggessero

Ausiliare : **avere.**

mescerei		mesca (*ia*)	mescessi
mesceresti	mesci	mesca (*ia*)	mescessi
mescerebbe	mesca (*ia*)	mesca (*ia*)	mescesse
mesceremmo	mesciamo	mesciamo	mescessimo
mescereste	mescete	mesciate	mesceste
mescerebbero	mescano (*ia*)	mescano (*ia*)	mescessero

Ausiliare : **avere.**

metterei		metta	mettessi
metteresti	metti	metta	mettessi
metterebbe	metta	metta	mettesse
metteremmo	mettiamo	mettiamo	mettessimo
mettereste	mettete	mettiate	metteste
metterebbero	mettano	mettano	mettessero

Ausiliare : **avere.**

morderei		morda	mordessi
morderesti	mordi	morda	mordessi
mordereste	morda	morda	mordesse
morderemmo	mordiamo	mordiamo	mordessimo
mordereste	mordete	mordiate	mordeste
morderebbero	mordano	mordano	mordessero

Mungere, mungente, munto, mungendo.

Modo Indicativo

Presente	Imperfetto	Passato remoto	Futuro
mungo	mungevo (a)	munsi	mungerò
mungi	mungevi	mungesti	mungerai
munge	mungeva	munse	mungerà
mungiamo	mungevamo	mungemmo	mungeremo
mungete	mungevate	mungeste	mungerete
mungono	mungevano	munsero	mungeranno

Muovere, movente, mosso, movendo.

muovo	movevo (a)	mossi	moverò
muovi	movevi	movesti	moverai
muove	moveva	mosse	moverà
moviamo	movevamo	movemmo	moveremo
movete	movevate	moveste	moverete
muovono	movevano	mossero	moveranno

Nascere, nascente, nato, nascendo.

nasco	nascevo (a)	nacqui	nascerò
nasci	nascevi	nascesti	nascerai
nasce	nasceva	nacque	nascerà
nasciamo	nascevamo	nascemmo	nasceremo
nascete	nascevate	nasceste	nascerete
nascono	nascevano	nacquero	nasceranno

Nascondere, nascondente, nascosto (nascoso), nascondendo.

nascondo	nascondevo (a)	nascosi	nasconderò
nascondi	nascondevi	nascondesti	nasconderai
nasconde	nascondeva	nascose	nasconderà
nascondiamo	nascondevamo	nascondemmo	nasconderemo
nascondete	nascondevate	nascondeste	nasconderete
nascondono	nascondevano	nascosero	nasconderanno

Ausiliare : **avere**.

Condizionale	Imperativo	Congiuntivo	
Presente		**Presente**	**Imperfetto**
mungerei		munga	mungessi
mungeresti	mungi	munga	mungessi
mungerebbe	munga	munga	mungesse
mungeremmo	mungiamo	mungiamo	mungessimo
mungereste	mungete	mungiate	mungeste
mungerebbero	mungano	mungano	mungessero

Ausiliare : **avere**.

moverei		muova	movessi
moveresti	muovi	muova	movessi
moverebbe	muova	muova	movesse
moveremmo	moviamo	moviamo	movessimo
movereste	movete	moviate	moveste
moverebbero	muovano	muovano	movessero

Ausiliare : **essere**.

nascerei		nasca	nascessi
nasceresti	nasci	nasca	nascessi
nascerebbe	nasca	nasca	nascesse
nasceremmo	nasciamo	nasciamo	nascessimo
nascereste	nascete	nasciate	nasceste
nascerebbero	nascano	nascano	nascessero

Ausiliare : **avere**.

nasconderei		nasconda	nascondessi
nasconderesti	nascondi	nasconda	nascondessi
nasconderebbe	nasconda	nasconda	nascondesse
nasconderemmo	nascondiamo	nascondiamo	nascondessimo
nascondereste	nascondete	nascondiate	nascondeste
nasconderebbero	nascondano	nascondano	nascondessero

Negligere, negligente, negletto, negligendo.

Modo Indicativo

Presente	Imperfetto	Pass. remoto	Futuro
negligo	negligevo (a)	neglessi	negligerò
negligi	negligevi	negligesti	negligerai
neglige	negligeva	neglesse	negligerà
negligiamo	negligevamo	negligemmo	negligeremo
negligete	negligevate	negligeste	negligerete
negligono	negligevano	neglessero	negligeranno

Nuocere (nocere), nocente, nociuto, nocendo.

nuoccio, noccio, nuoco	nocevo (a)	nocqui	nocerò
nuoci	nocevi	nocesti	nocerai
nuoce	noceva	nocque	nocerà
nociamo	nocevamo	nocemmo	noceremo
nocete	nocevate	noceste	nocerete
nuocciono, nuocono	nocevano	nocquero	noceranno

Parere, parvente (lett.). parso (paruto), parendo.

pajo[1]	parevo (a)	parvi	parrò
pari	parevi	paresti	parrai
pare	pareva	parve	parrà
pajamo, pariamo	parevamo	paremmo	parremo
parete	parevate	pareste	parrete
pajono	parevano	parvero	parranno

Percuotere, percuotente, percosso, percuotendo — anche: percotere, ecc.

percuoto	percotevo (a)	percossi	percoterò
percuoti	percotevi	percotesti	percoterai
percuote	percoteva	percosse	percoterà
percotiamo	percotevamo	percotemmo	percoteremo
percotete	percotevate	percoteste	percoterete
percuotono	percotevano	percossero	percoteranno

Negligere si usa specialmente al p. pr. negligente, p. p. negletto, e p. rem.; gli si sostituisce in generale il verbo **trascurare**.

---

[1] È ammesso oggi l'uso dell'*i* per *j*.

Ausiliare : **avere**

Condizionale	Imperativo	Congiuntivo	
Presente		**Presente**	**Imperfetto**
negligerei		negliga	negligessi
negligeresti	negligi	negliga	negligessi
negligerebbe	negliga	negliga	negligesse
negligeremmo	negligiamo	negligiamo	negligessimo
negligereste	negligete	negligiate	negligeste
negligerebbero	negligano	negligano	negligessero

Ausiliare : **avere**.

nocerei		noccia, nuoca	nocessi
noceresti	nuoci	noccia, nuoca	nocessi
nocerebbe	nuocia, nuoca	noccia, nuoca	nocesse
noceremmo	nociamo	nociamo	nocessimo
nocereste	nocete	nocciate	noceste
nocerebbero	nuociano, nuocano	nocciano, nuocano	nocessero

Ausiliare : **essere**.

parrei		paja	paressi
parresti	pari	paja	paressi
parrebbe	paja	paja	paresse
paremmo	pariamo	pariamo	paressimo
parreste	parete	pariate	pareste
parrebbero	pajano	pajano	paressero

Ausiliare : **avere**

percoterei		percuota	percotessi
percoteresti	percuoti	percuota	percotessi
percoterebbe	percuota	percuota	percotesse
percoteremmo	percotiamo	percotiamo	percotessimo
percotereste	percotete	percotiate	percoteste
percoterebbero	percuotano	percuotano	percotessero

Pascere è regolare : pasco, pascente, pasciuto, salvo il p. p. poetico : pasto.

Perdere, perdente, perso (perduto), perdendo.

Modo Indicativo

Presente	Imperfetto	Passato remoto	Futuro
perdo	perdevo (*a*)	perdei, persi, perdetti	perderò
perdi	perdevi	perdesti	perderai
perde	perdeva	perdè, perdette, perse	perderà
perdiamo	perdevamo	perdemmo	perderemo
perdete	perdevate	perdeste	perderete
perdono	perdevano	perdettero, persero	perderanno

Persuadere, persuadente, persuaso, persuadendo.

persuado	persuadevo (*a*)	persuasi	persuaderò
persuadi	persuadevi	persuadesti	persuaderai
persuade	persuadeva	persuase	persuaderà
persuadiamo	persuadevamo	persuademmo	persuaderemo
persuadete	persuadevate	persuadeste	persuaderete
persuadono	persuadevano	persuasero	persuaderanno

Piacere, piacente, piaciuto, piacendo.

piaccio	piacevo (*a*)	piacqui	piacerò
piaci	piacevi	piacesti	piacerai
piace	piaceva	piacque	piacerà
piacciamo	piacevamo	piacemmo	piaceremo
piacete	piacevate	piaceste	piacerete
piacciono	piacevano	piacquero	piaceranno

Piangere (piagnere), piangente, pianto, piangendo.

piango	piangevo (*a*)	piansi	piangerò
piangi	piangevi	piangesti	piangerai
piange	piangeva	pianse	piangerà
piangiamo	piangevamo	piangemmo	piangeremo
piangete	piangevate	piangeste	piangerete
piangono	piangevano	piansero	piangeranno

Ausiliare : **avere**

Condizionale	Imperativo	Congiuntivo	
Presente		**Presente**	**Imperfetto**
perderei		perda	perdessi
perderesti	perdi	perda	perdessi
perderebbe	perda	perda	perdesse
perderemmo	perdiamo	perdiamo	perdessimo
perdereste	perdete	perdiate	perdeste
perderebbero	perdano	perdano	perdessero

Ausiliare : **avere**.

persuaderei		persuada	persuadessi
persuaderesti	persuadi	persuada	persuadessi
persuaderebbe	persuada	persuada	persuadesse
persuaderemmo	persuadiamo	persuadiamo	persuadessimo
persuadereste	persuadete	persuadiate	persuadeste
persuaderebbero	persuadano	persuadano	persuadessero

Ausiliare : **essere**

piacerei		piaccia	piacessi
piaceresti	piaci	piaccia	piacessi
piacerebbe	piaccia	piaccia	piacesse
piaceremmo	piacciamo	piacciamo	piacessimo
piacereste	piacete	piacciate	piaceste
piacerebbero	piacciano	piacciano	piacessero

Ausiliare : **avere**.

piangerei		pianga	piangessi
piangeresti	piangi	pianga	piangessi
piangerebbe	pianga	pianga	piangesse
piangeremmo	piangiamo	piangiamo	piangessimo
piangereste	piangete	piangiate	piangeste
piangerebbero	piangano	piangano	piangessero

Pingere (pignere), pingente, pinto, pingendo.

Modo Indicativo

Presente	Imperfetto	Passato remoto	Futuro
pingo	pingevo (a)	pinsi	pingerò
pingi	pingevi	pingesti	pingerai
pinge	pingeva	pinse	pingerà
pingiamo	pingevamo	pingemmo	pingeremo
pingete	pingevate	pingeste	pingerete
pingono	pingevano	pinsero	pingeranno

Porgere, porgente, porto, porgendo.

porgo	porgevo (a)	porsi	porgerò
porgi	porgevi	porgesti	porgerai
porge	porgeva	porse	porgerà
porgiamo	porgevamo	porgemmo	porgeremo
porgete	porgevate	porgeste	porgerete
porgono	porgevano	porsero	porgeranno

Porre, ponente, posto, ponendo.

pongo	ponevo (a)	posi	porrò
poni	ponevi	ponesti	porrai
pone	poneva	pose	porrà
poniamo	ponevamo	ponemmo	porremo
ponete	ponevate	poneste	porrete
pongono	ponevano	posero	porranno

Potere, potente, potuto, potendo.

posso	potevo (a)	potei	potrò
puoi	potevi	potesti	potrai
può	poteva	potè	potrà
possiamo	potevamo	potemmo	potremo
potete	potevate	poteste	potrete
possòno, ponno	potevano	poterono	potranno

Piovere (impersonale), piove, pioveva, piovve o piovette, pioverà, pioverebbe, piova, piovesse, è piovuto, piovendo.

Ausiliare : **avere**.

Condizionale	Imperativo	Congiuntivo	
Presente		**Presente**	**Imperfetto**
pingerei		pinga	pingessi
pingeresti	pingi	pinga	pingessi
pingerebbe	pinga	pinga	pingesse
pingeremmo	pingiamo	pingiamo	pingessimo
pingereste	pingete	pingiate	pingeste
pingerebbero	pingano	pingano	pingessero

Ausiliare : **avere**.

porgerei		porga	porgessi
porgeresti	porgi	porga	porgessi
porgerebbe	porga	porga	porgesse
porgeremmo	porgiamo	porgiamo	porgessimo
porgereste	porgete	porgiate	porgeste
porgerebbero	porgano	porgano	porgessero

Ausiliare : **avere**.

porrei		ponga	ponessi
porresti	poni	ponga	ponessi
porrebbe	ponga	ponga	ponesse
porremmo	poniamo	poniamo	ponessimo
porreste	ponete	poniate	poneste
porrebbero	pongano	pongano	ponessero

Ausiliare : **avere** (essere).

potrei		possa	potessi
potresti	possa[1]	possa	potessi
potrebbe	possa	possa	potesse
potremmo	possiamo	possiamo	potessimo
potreste	possiate	possiate	poteste
potrebbero	possano	possano	potessero

[1] L'imperativo **possa** è piuttosto una forma invocativa.

Prediligere, —, prediletto, prediligendo.

Modo Indicativo

Presente	Imperfetto	Passato remoto	Futuro
prediligo	prediligevo (a)	predilessi	prediligerò
prediligi	prediligevi	prediligesti	prediligerai
predilige	prediligeva	predilesse	prediligerà
prediligiamo	prediligevamo	prediligemmo	prediligeremo
prediligete	prediligevate	prediligeste	prediligerete
prediligono	prediligevano	predilessero	prediligeranno

Premere, premente, premuto, premendo.

premo	premevo (a	premei (*premetti*)	premerò
premi	premevi	premesti	premerai
preme	premeva	premè (*premette*)	premerà
premiamo	premevamo	prememmo	premeremo
premete	premevate	premeste	premerete
premono	premevano	premerono (*mettero*)	premeranno

Prendere, prendente, preso, prendendo.

prendo	prendevo (a)	presi	prenderò
prendi	prendevi	prendesti	prenderai
prende	prendeva	prese	prenderà
prendiamo	prendevamo	prendemmo	prenderemo
prendete	prendevate	prendeste	prenderete
prendono	prendevano	presero	prenderanno

Proteggere, proteggente, protetto, proteggendo.

proteggo	proteggevo (a)	protessi	proteggerò
proteggi	proteggevi	proteggesti	proteggerai
protegge	proteggeva	protesse	proteggerà
proteggiamo	proteggevamo	proteggemmo	proteggeremo
proteggete	proteggevate	proteggeste	proteggerete
proteggono	proteggevano	protessero	proteggeranno

Prefiggere, v. figgere : p. p. prefisso.
Presedere (presiedere), v. sedere p. pr. presidente, p. p. presieduto
Propendere (dif.), tempi semplici ; p. p. propenso.

Ausiliare : **avere**.

Condizionale	Imperativo	Congiuntivo	
Presente		**Presente**	**Imperfetto**
prediligerei		prediliga	prediligessi
prediligeresti	prediligi	prediliga	prediligessi
prediligerebbe	prediliga	prediliga	prediligesse
prediligeremmo	prediligiamo	prediligiamo	prediligessimo
prediligereste	prediligete	prediligiate	prediligeste
prediligerebbero	prediligano	prediligano	prediligessero

Ausiliare : **avere**.

premerei		prema	premessi
premeresti	premi	prema	premessi
premerebbe	prema	prema	premesse
premeremmo	premiamo	premiamo	premessimo
premereste	premete	premiate	premeste
premerebbero	premano	premano	premessero

Ausiliare : **avere**.

prenderei		prenda	prendessi
prenderesti	prendi	prenda	prendessi
prenderebbe	prenda	prenda	prendesse
prenderemmo	prendiamo	prendiamo	prendessimo
prendereste	prendete	prendiate	prendeste
prenderebbero	prendano	prendano	prendessero

Ausiliare : **avere**.

proteggerei		protegga	proteggessi
proteggeresti	proteggi	protegga	proteggessi
proteggerebbe	protegga	protegga	proteggesse
proteggeremmo	proteggiamo	proteggiamo	proteggessimo
proteggereste	proteggete	proteggiate	proteggeste
proteggerebbero	proteggano	proteggano	proteggessero

Provvedere v. vedere : p. pr. provvidente o provvedente ; id.
per **prevedere**; p. pr. previdente.
Prudere (dif., imp.) tempi semplici : prude, prudeva, ecc.

Pungere, pungente, punto, pungendo.

Modo Indicativo

Presente	Imperfetto	Passato remoto	Futuro
pungo	pungevo (*a*)	punsi	pungerò
pungi	pungevi	pungesti	pungerai
punge	pungeva	punse	pungerà
pungiamo	pungevamo	pungemmo	pungeremo
pungete	pungevate	pungeste	pungerete
pungono	pungevano	punsero	pungeranno

Radere, radente, raso, radendo.

rado	radevo (*a*)	rasi	raderò
radi	radevi	radesti	raderai
rade	radeva	rase	raderà
radiamo	radevamo	rademmo	raderemo
radete	radevate	radeste	raderete
radono	radevano	rasero	raderanno

Redigere, redigente, redatto, redigendo.

redigo	redigevo (*a*)	redigei, redassi	redigerò
redigi	redigevi	redigesti	redigerai
redige	redigeva	redasse	redigerà
redigiamo	redigevamo	redigemmo	redigeremo
redigete	redigevate	redigeste	redigerete
redigono	redigevano	redassero	redigeranno

Redimere, —, redento, redimendo.

redimo	redimevo (*a*)	redensi, redimei	redimerò
redimi	redimevi	redimesti	redimerai
redime	redimeva	redense	redimerà
redimiamo	redimevano	redimemmo	redimeremo
redimete	redimevate	redimeste	redimerete
redimono	redimevano	redensero	redimeranno

Ausiliare : **avere**.

Condizionale	Imperativo	Congiuntivo	
Presente		**Presente**	**Imperfetto**
pungerei		punga	pungessi
pungeresti	pungi	punga	pungessi
pungerebbe	punga	punga	pungesse
pungeremmo	pungiamo	pungiamo	pungessimo
pungereste	pungete	pungiate	pungeste
pungerebbero	pungano	pungano	pungessero

Ausiliare : **avere**.

raderei		rada	radessi
raderesti	radi	rada	radessi
raderebbe	rada	rada	radesse
raderemmo	radiamo	radiamo	radessimo
radereste	radete	radiate	radeste
raderebbero	radano	radano	radessero

Ausiliare : **avere**.

redigerei		rediga	redigessi
redigeresti	redigi	rediga	redigessi
redigerebbe	rediga	rediga	redigesse
redigeremmo	redigiamo	redigiamo	redigessimo
redigereste	redigete	redigete	redigeste
redigerebbero	redigano	redigano	redigessero

Ausiliare : **avere**.

redimerei		redima	redimessi
redimeresti	redimi	redima	redimessi
redimerebbe	redima	redima	redimesse
redimeremmo	redimiamo	redimiamo	redimessimo
redimereste	redimete	redimiate	redimeste
redimerebbero	redimano	redimano	redimessero

Reggere, reggente, retto, reggendo.

Modo Indicativo

Presente	Imperfetto	Passato remoto	Futuro
reggo	reggevo (a)	ressi	reggerò
reggi	reggevi	reggesti	reggerai
regge	reggeva	resse	reggerà
reggiamo	reggevamo	reggemmo	reggeremo
reggete	reggevate	reggeste	reggerete
reggono	reggevano	ressero	reggeranno

Rendere, rendeste. reso, rendendo.

rendo	rendevo (a)	resi	renderò
rendi	rendevi	rendesti	renderai
rende	rendeva	rese	renderà
rendiamo	rendevamo	rendemmo	renderemo
rendete	rendevate	rendeste	renderete
rendono	rendevano	resero	renderanno

Ridere, ridente, riso, ridendo.

rido	ridevo (a)	risi	riderò
ridi	ridevi	ridesti	riderai
ride	rideva	rise	riderà
ridiamo	ridevamo	ridemmo	rideremo
ridete	ridevate	rideste	riderete
ridono	ridevano	risero	rideranno

Rimanere, rimanente, rimasto (rimaso), rimanendo.

rimango	rimanevo (a)	rimasi	rimarrò
rimani	rimanevi	rimanesti	rimarrai
rimane	rimaneva	rimase	rimarrà
rimaniamo	rimanevamo	rimanemmo	rimarremo
rimanete	rimanevate	rimaneste	rimarrete
rimangono	rimanevano	rimasero	rimarranno

Restringere, v. stringere : p. p. ristretto (restrinto).
Retrocedere, v. cedere ; p. p. retrocesso (retroceduto).
Rilucere (dif.), mancano p. p. e tempi composti.

Ausiliare : **avere**

Condizionale	Imperativo	Congiuntivo	
Presente		**Presente**	**Imperfetto**
reggerei		regga	reggessi
reggeresti	reggi	regga	reggessi
reggerebbe	regga	regga	reggesse
reggeremmo	reggiamo	reggiamo	reggessimo
reggereste	reggete	reggiate	reggeste
reggerebbero	reggano	reggano	reggessero

Ausiliare : **avere**.

renderei		renda	rendessi
renderesti	rendi	renda	rendessi
renderebbe	renda	renda	rendesse
renderemmo	rendiamo	rendiamo	rendessimo
rendereste	rendete	rendiate	rendeste
renderebbero	rendano	rendano	rendessero

Ausiliare : **avere**.

riderei		rida	ridessi
rideresti	ridi	rida	ridessi
riderebbe	rida	rida	ridesse
rideremmo	ridiamo	ridiamo	ridessimo
ridereste	ridete	ridiate	rideste
riderebbero	ridano	ridano	ridessero

Ausiliare : **essere**.

rimarrei		rimanga	rimanessi
rimarresti	rimani	rimanga	rimanessi
rimarrebbe	rimanga	rimanga	rimanesse
rimarremmo	rimaniamo	rimaniamo	rimanessimo
rimarreste	rimanete	rimaniate	rimaneste
rimarrebbero	rimangano	rimangano	rimanessero

Riavere, v. avere ; riò, riai, rià, rianno, ecc.

Rispondere, rispondente, risposto, rispondendo.

Modo Indicativo

Presente	Imperfetto	Passato remoto	Futuro
rispondo	rispondevo (a)	risposi	risponderò
rispondi	rispondevi	rispondesti	risponderai
risponde	rispondeva	rispose	risponderà
rispondiamo	rispondevamo	rispondemmo	risponderemo
rispondete	rispondevate	rispondeste	risponderete
rispondono	rispondevano	risposero	risponderanno

Rodere, rodente, roso, rodendo.

rodo	rodevo (a)	rosi	roderò
rodi	rodevi	rodesti	roderai
rode	rodeva	rose	roderà
rodiamo	rodevamo	rodemmo	roderemo
rodete	rodevate	rodeste	roderete
rodono	rodevano	rosero	roderanno

Rompere, rompente, rotto, rompendo.

rompo	rompevo (a)	ruppi	romperò
rompi	rompevi	rompesti	romperai
rompe	rompeva	ruppe	romperà
rompiamo	rompevamo	rompemmo	romperemo
rompete	rompevate	rompeste	romperete
rompono	rompevano	ruppero	romperanno

Sapere (savere), sapiente, saputo, sapendo.

so	sapevo (a)	seppi	saprò
sai	sapevi	sapesti	saprai
sa	sapeva	seppe	saprà
sappiamo	sapevamo	sapemmo	sapremo
sapete	sapevate	sapeste	saprete
sanno	sapevano	seppero	sapranno

Rivivere, come **vivere,** salvo p. p. poet. : rivivuto.

Ausiliare : **avere**.

Condizionale	Imperativo	Congiuntivo	
Presente		**Presente**	**Imperfetto**
risponderei		risponda	rispondessi
risponderesti	rispondi	risponda	rispondessi
risponderebbe	risponda	risponda	rispondesse
risponderemmo	rispondiamo	rispondiamo	rispondessimo
rispondereste	rispondete	rispondiate	rispondeste
risponderebbero	rispondano	rispondano	rispondessero

Ausiliare : **avere**.

roderei		roda	rodessi
roderesti	rodi	roda	rodessi
roderebbe	roda	roda	rodesse
roderemmo	rodiamo	rodiamo	rodessimo
rodereste	rodete	rodiate	rodeste
roderebbero	rodano	rodano	rodessero

Ausiliare : **avere**.

romperei		rompa	rompessi
romperesti	rompi	rompa	rompessi
romperebbe	rompa	rompa	rompesse
romperemmo	rompiamo	rompiamo	rompessimo
rompereste	rompete	rompiate	rompeste
romperebbero	rompano	rompano	rompessero

Ausiliare : **avere**.

saprei		sappia	sapessi
sapresti	sappi	sappia	sapessi
saprebbe	sappia	sappia	sapesse
sapremmo	sappiamo	sappiamo	sapessimo
sapreste	sappiate	sappiate	sapeste
saprebbero	sappiano	sappiano	sapessero

Scegliere (scegliente), scelto, scegliendo.

Modo Indicativo

Presente	Imperfetto	Passato rem.	Futuro
scelgo	sceglievo (a)	scelsi	sceglierò, scerrò, ecc.
scegli	sceglievi	scegliesti	sceglierai
sceglie	sceglieva	scelse	sceglierà
scegliamo	sceglievamo	scegliemmo	sceglieremo
scegliete	sceglievate	sceglieste	sceglierete
scelgono	sceglievano	scelsero	sceglieranno

Scendere, scendente, sceso, scendendo.

scendo	scendevo (a)	scesi	scenderò
scendi	scendevi	scendesti	scenderai
scende	scendeva	scese	scenderà
scendiamo	scendevamo	scendemmo	scenderemo
scendete	scendevate	scendeste	scenderete
scendono	scendevano	scesero	scenderanno

Scindere (scindente), scisso, scindendo.

scindo	scindevo (a)	scissi, scindei	scinderò
scindi	scindevi	scindesti	scinderai
scinde	scindeva	scisse	scinderà
scindiamo	scindevamo	scindemmo	scinderemo
scindete	scindevate	scindeste	scinderete
scindono	scindevano	scissero	scinderanno

Sciogliere, sciogliente, sciolto, sciogliendo.

sciolgo	scioglievo (a)	sciolsi	scioglierò, sciorrò, ecc.
sciogli	scioglievi	sciogliesti	scioglierai
scioglie	scioglieva	sciolse	scioglierà
sciogliamo	scioglievamo	sciogliemmo	scioglieremo
sciogliete	scioglievate	scioglieste	scioglierete
sciolgano	scioglievano	sciolsero	scioglieranno

Scommettere come **mettere** p. rem. anche : **scomessi**.

Ausiliare : **avere**

Condizionale	Imperativo	Congiuntivo	
Presente		**Presente**	**Imperfetto**
sceglierei, scerrei, ecc.		scelga	scegliessi
sceglieresti	scegli	scelga	scegliessi
sceglierebbe	scelga	scelga	scegliesse
sceglieremmo	scegliamo	scegliamo	scegliessimo
scegliereste	scegliete	scegliate	sceglieste
sceglierebbero	scelgano	scelgano	scegliessero

Ausiliare : **essere**.

scenderei		scenda	scendessi
scenderesti	scendi	scenda	scendessi
scenderebbe	scenda	scenda	scendesse
scenderemmo	scendiamo	scendiamo	scendessimo
scendereste	scendete	scendiate	scendeste
scenderebbero	scendano	scendano	scendessero

Ausiliare : **avere**.

scinderei		scinda	scindessi
scinderesti	scindi	scinda	scindessi
scinderebbe	scinda	scinda	scindesse
scinderemmo	scindiamo	scindiamo	scindessimo
scindereste	scindete	scindiate	scindeste
scinderebbero	scindano	scindano	scindessero

Ausiliare : **avere**.

scioglierei, sciorrei, ecc.		sciolga	sciogliessi
scioglieresti	sciogli	sciolga	sciogliessi
scioglierebbe	sciolga	sciolga	sciogliesse
scioglieremmo	sciogliamo	sciogliamo	sciogliessimo
sciogliereste	sciogliete	sciogliate	scioglieste
scioglierebbero	sciolgano	sciolgano	sciogliessero

Scorgere, scorgente, scorto, scorgendo.

Modo Indicativo

Presente	Imperfetto	Passato remoto	Futuro
scorgo	scorgevo (a)	scorsi	scorgerò
scorgi	scorgevi	scorgesti	scorgerai
scorge	scorgeva	scorse	scorgerà
scorgiamo	scorgevamo	scorgemmo	scorgeremo
scorgete	scorgevate	scorgeste	scorgerete
scorgono	scorgevano	scorsero	scorgeranno

Scrivere, scrivente, scritto, scrivendo.

scrivo	scrivevo (a)	scrissi	scriverò
scrivi	scrivevi	scrivesti	scriverai
scrive	scriveva	scrisse	scriverà
scriviamo	scrivevamo	scrivemmo	scriveremo
scrivete	scrivevate	scriveste	scriverete
scrivono	scrivevano	scrissero	scriveranno

Scuotere (scotere), scuotente, scosso, scuotendo.

scuoto, scoto	scotevo (a)	scossi	scoterò
scuoti	scotevi	scotesti	scoterai
scuote	scoteva	scosse	scoterà
scuotiamo	scotevamo	scotemmo	scoteremo
scuotete	scotevate	scoteste	scoterete
scuotono	scotevano	scossero	scoteranno

Sedere, sedente, seduto, sedendo (seggendo).

siedo, seggo	sedevo (a)	sedei, sedetti	sederò
siedi	sedevi	sedesti	sederai
siede	sedeva	sedè, sedette	sederà
sediamo	sedevamo	sedemmo	sederemo
sedete	sedevate	sedeste	sederete
siedono, seggono	sedevano	sederono (ettero)	sederanno

Serpere (dif), poetico, serpo, serpeva, serperò, serperei, ecc.
Mancano : p. rem. e t. comp.

Ausiliare : **avere**.

Condizionale	Imperativo	Congiuntivo	
Presente		**Presente**	**Imperfetto**
scorgerei		scorga	scorgessi
scorgeresti	scorgi	scorga	scorgessi
scorgerebbe	scorga	scorga	scorgesse
scorgeremmo	scorgiamo	scorgiamo	scorgessimo
scorgereste	scorgete	scorgiate	scorgeste
scorgerebbero	scorgano	scorgano	scorgessero

Ausiliare : **avere**.

scriverei		scriva	scrivessi
scriveresti	scrivi	scriva	scrivessi
scriverebbe	scriva	scriva	scrivesse
scriveremmo	scriviamo	scriviamo	scrivessimo
scrivereste	scrivete	scriviate	scriveste
scriverebbero	scrivano	scrivano	scrivessero

Ausiliare : **avere**.

scoterei		scuota	scotessi
scoteresti	scuoti	scuota	scotessi
scoterebbe	scuota	scuota	scotesse
scoteremmo	scuotiamo	scuotiamo	scotessimo
scotereste	scuotete	scuotiate	scoteste
scoterebbero	scuotano	scuotano	scotessero

Ausiliare : **avere**.

sederei		sieda, segga	sedessi
sederesti	siedi	sieda, segga	sedessi
sederebbe	sieda, segga	sieda, segga	sedesse
sederemmo	sediamo	sediamo	sedessimo
sedereste	sedete	sediate	sedeste
sederebbero	siedano, seggano	siedano, seggano	sedessero

Sodisfare, come fare, salvo : sodisfò, o sodìsfo, o sodisfaccio,
   sodisfai o sodisfi.
Sorgere, come scorgere : ausiliare : **essere**.

Solere¹, (dif.), —, solito, solendo.

Modo Indicativo

Presente	Imperfetto	Passato remoto	Futuro
soglio	solevo (a)	solei	
suoli	solevi	solesti	
suole	soleva	solè	
sogliamo	solevamo	solemmo	
solete	solevate	soleste	
sogliono	solevano	solerono	

Spandere, spandente, spanto, spandendo.

spando	spandevo (a)	spansi	spanderò
spandi	spandevi	spandesti	spanderai
spande	spandeva	spanse	spanderà
spandiamo	spandevamo	spandemmo	spanderemo
spandete	spandevate	spandeste	spanderete
spandono	spandevano	spansero	spanderanno

Spargere, spargente, sparso (sparto), spargendo.

spargo	spargevo (a)	sparsi	spargerò
spargi	spargevi	spargesti	spargerai
sparge	spargeva	sparse	spargerà
spargiamo	spargevamo	spargemmo	spargeremo
spargete	spargevate	spargeste	spargerete
spargono	spargevano	sparsero	spargeranno

Spendere, spendente, speso, spendendo.

spendo	spendevo (a)	spesi	spenderò
spendi	spendevi	spendesti	spenderai
spende	spendeva	spese	spenderà
spendiamo	spendevamo	spendemmo	spenderemo
spendete	spendevate	spendeste	spenderete
spendono	spendevano	spesero	spenderanno

¹ **Solere** vien sostituito generalmente con **essere solito**.

Condizionale	Imperativo	Congiuntivo	
Presente		Presente	Imperfetto
		soglia	solessi
		soglia	solessi
		soglia	solesse
		sogliamo	solessimo
		sogliate	soleste
		sogliano	solessero

Ausiliare : **avere** (essere).

spanderei		spanda	spandessi
spanderesti	spandi	spanda	spandessi
spanderebbe	spanda	spanda	spandesse
spanderemmo	spandiamo	spandiamo	spandessimo
spandereste	spandete	spandiate	spandeste
spanderebbero	spandano	spandano	spandessero

Ausiliare : **avere**.

spargerei		sparga	spargessi
spargeresti	spargi	sparga	spargessi
spargerebbe	sparga	sparga	spargesse
spargeremmo	spargiamo	spargiamo	spargessimo
spargereste	spargete	spargiate	spargeste
spargerebbero	spargano	spargano	spargessero

Ausiliare : **avere**.

spenderei		spenda	spendessi
spenderesti	spendi	spenda	spendessi
spenderebbe	spenda	spenda	spendesse
spenderemmo	spendiamo	spendiamo	spendessimo
spendereste	spendete	spendiate	spendeste
spenderebbero	spendano	spendano	spendessero

Spengere (spegnere)[1], spengente (spegnente), spento, spengendo (spegnendo).

Modo Indicativo

Presente	Imperfetto	Passato remoto	Futuro
spengo	spengevo (a), (gnevo) ecc	spensi	spengerò, spegnerò, (ecc)
spengi, spegni	spengevi	spengesti, spegnesti (ecc)	spengerai
spenge, spegne	spengeva	spense	spengerà
spengiamo, spegniamo	spengevamo	spengemmo	spengeremo
spengete, spegnete	spengevate	spengeste	spengerete
spengono	spengevano	spensero	spengeranno

Spingere, spingente, spinto, spingendo.

spingo	spingevo (a)	spinsi	spingerò
spingi	spingevi	spingesti	spingerai
spinge	spingeva	spinse	spingerà
spingiamo	spingevamo	spingemmo	spingeremo
spingete	spingevate	spingeste	spingerete
spingono	spingevano	spinsero	spingeranno

Stringere, stringente, stretto (strinto), stringendo.

stringo	stringevo (a)	strinsi	stringerò
stringi	stringevi	stringesti	stringerai
stringe	stringeva	strinse	stringerà
stringiamo	stringevamo	stringemmo	stringeremo
stringete	stringevate	stringeste	stringerete
stringono	stringevano	strinsero	stringeranno

Struggere, struggente, strutto, struggendo.

struggo	struggevo (a)	strussi	struggerò
struggi	struggevi	struggesti	struggerai
strugge	struggeva	strusse	struggerà
struggiamo	struggevamo	struggemmo	struggeremo
struggete	struggevate	struggeste	struggerete
struggono	struggevano	strussero	struggeranno

Succedere, v. cedere ; ausiliare : **essere**.

[1] La forma spegnere è più comune.

Ausiliare : **avere**.

Condizionale	Imperativo	Congiuntivo	
Presente		**Presente**	**Imperfetto**
spengerei, spegnerei (ecc)		spenga	spengessi, spegnessi, (ecc
spengeresti	spengi, spegi. (ecc)	spenga	spengessi
spengerebbe	Spenga	spenga	spengesse
spengeremmo	Spengiamo	spengiamo, spegniamo	spengessimo
spengereste	Spengete	spengiate, spegniate	spengeste
spengerebbero	Spengano	spengano	spengessero

Ausiliare : **avere**.

spingerei		spinga	spingessi
spingeresti	spingi	spinga	spingessi
spingerebbe	spinga	spinga	spingesse
spingeremmo	spingiamo	spingiamo	spingessimo
spingereste	spingete	spingiate	spingeste
spingerebbero	spingano	spingano	spingessero

Ausiliare : **avere**.

stringerei		stringa	stringessi
stringeresti	stringi	stringa	stringessi
stringerebbe	stringa	stringa	stringesse
stringeremmo	stringiamo	stringiamo	stringessimo
stringereste	stringete	stringiate	stringeste
stringerebbero	stringano	stringano	stringessero

Ausiliare : **avere**.

struggerei		strugga	struggessi
struggeresti	struggi	strugga	struggessi
struggerebbe	strugga	strugga	struggesse
struggeremmo	struggiamo	struggiamo	struggessimo
struggereste	struggete	struggiate	struggeste
struggerebbero	struggano	struggano	struggessero

Svellere (svellente), svelto, svellendo.

Modo Indicativo

Presente	Imperfetto	Passato remoto	Futuro
svello, svelgo, (ecc)	svellevo (a)	svelsi	svellerò, svelgerò, (ecc)
svelli	svellevi	svellesti (elg.)	svellerai
svelle	svelleva	svelse	svellerà
svelliamo	svellevamo	svellemmo (elg.)	svelleremo
svellete	svellevate	svelleste (elg.)	svellerete
svellono	svellevano	svelsero	svelleranno

Tacere, tacente, taciuto, tacendo.

taccio (tacio)	tacevo (a)	tacqui	tacerò
taci	tacevi	tacesti	tacerai
tace	taceva	tacque	tacerà
tacciamo (c)	tacevamo	tacemmo	taceremo
tacete	tacevate	taceste	tacerete
tacciono (c)	tacevano	tacquero	taceranno

Tendere, tendente, teso, tendendo.

tendo	tendevo (a)	tesi	tenderò
tendi	tendevi	tendesti	tenderai
tende	tendeva	tese	tenderà
tendiamo	tendevamo	tendemmo	tenderemo
tendete	tendevate	tendeste	tenderete
tendono	tendevano	tesero	tenderanno

Tenere, tenente, tenuto, tenendo.

tengo	tenevo (a)	tenni	terrò
tieni	tenevi	tenesti	terrai
tiene	teneva	tenne	terrà
teniamo	tenevamo	tenemmo	terremo
tenete	tenevate	teneste	terrete
tengono	tenevano	tennero	terranno

Ausiliare : **avere**.

Condizionale	Imperativo	Congiuntivo	
Presente		**Presente**	**Imperfetto**
svellerei, svolgerei, (ecc)		svella, svelga (ecc)	svellessi
svelleresti	svelli, svelgi, (ecc)	svella	svellessi
svellerebbe	svella	svella	svellesse
svelleremmo	svelliamo	svelliamo	svellessimo
svellereste	svellete	svelliate	svelleste
svellerebbero	svellano	svellano	svellessero

Ausiliare : **avere**.

tacerei		taccia (c)	tacessi
taceresti	taci	taccia	tacessi
tacerebbe	taccia	taccia	tacesse
taceremmo	tacciamo	tacciamo	tacessimo
tacereste	tacete	tacciate	taceste
tacerebbero	tacciano	tacciano	tacessero

Ausiliare : **avere**.

tenderei		tenda	tendessi
tenderesti	tendi	tenda	tendessi
tenderebbe	tenda	tenda	tendesse
tenderemmo	tendiamo	tendiamo	tendessimo
tendereste	tendete	tendiate	tendeste
tenderebbero	tendano	tendano	tendessero

Ausiliare : **avere**.

terrei		tenga	tenessi
terresti	tieni	tenga	tenessi
terrebbe	tenga	tenga	tenesse
terremmo	teniamo	teniamo	tenessimo
terreste	tenete	teniate	teneste
terrebbero	tengano	tengano	tenessero

Tergere, tergente, terso, tergendo.

Modo Indicativo

Presente	Imperfetto	Passato rem.	Futuro
tergo	tergevo (a)	tersi	tergerò
tergi	tergevi	tergesti	tergerai
terge	tergeva	terse	tergerà
tergiamo	tergevamo	tergemmo	tergeremo
tergete	tergevate	tergeste	tergerete
tergono	tergevano	tersero	tergeranno

Tingere, tingente, tinto, tingendo.

tingo	tingevo (a)	tinsi	tingerò
tingi	tingevi	tingesti	tingerai
tinge	tingeva	tinse	tingerà
tingiamo	tingevamo	tingemmo	tingeremo
tingete	tingevate	tingeste	tingerete
tingono	tingevano	tinsero	tingeranno

Togliere, (torre), togliente, tolto, togliendo.

tolgo	toglievo (a)	tolsi	toglierò, torrò, ecc.
togli	toglievi	togliesti	toglierai
toglie	toglieva	tolse	toglierà
togliamo	toglievamo	togliemmo	toglieremo
togliete	toglievate	toglieste	toglierete
tolgono	toglievano	tolsero	toglieranno

Torcere, torcente, torto, torcendo.

torco	torcevo (a)	torsi	torcerò
torci	torcevi	torcesti	torcerai
torce	torceva	torse	torcerà
torciamo	torcevamo	torcemmo	torceremo
torcete	torcevate	torceste	torcerete
torcono	torcevano	torsero	torceranno

Ausiliare : **avere**.

Condizionale	Imperativo	Congiuntivo	
Presente		**Presente**	**Imperfetto**
tergerei		terga	tergessi
tergeresti	tergi	terga	tergessi
tergerebbe	terga	terga	tergesse
tergeremmo	tergiamo	tergiamo	tergessimo
tergereste	tergete	tergiate	tergeste
tergerebbero	tergano	tergano	tergessero

Ausiliare : **avere**.

tingerei		tinga	tingessi
tingeresti	tingi	tinga	tingessi
tingerebbe	tinga	tinga	tingesse
tingeremmo	tingiamo	tingiamo	tingessimo
tingereste	tingete	tingiate	tingeste
tingerebbero	tingano	tingano	tingessero

Ausiliare : **avere**.

toglierei, torrei, ecc.		tolga	togliessi
toglieresti	togli (to')	tolga	togliessi
toglierebbe	tolga	tolga	togliesse
toglieremmo	togliamo	togliamo	togliessimo
togliereste	togliete	togliate	toglieste
toglierebbero	tolgano	tolgano	togliessero

Ausiliare : **avere**.

torcerei		torca	torcessi
torceresti	torci	torca	torcessi
torcerebbe	torca	torca	torcesse
torceremmo	torciamo	torciamo	torcessimo
torcereste	torcete	torciate	torceste
torcerebbero	torcano	torcano	torcessero

Trarre, traente, tratto, traendo.

Modo Indicativo

Presente	Imperfetto	Passato rem.	Futuro
traggo	traevo (a)	trassi	trarrò
trai (traggi)	traevi	traesti	trarrai
trae (tragge)	traeva	trasse	trarrà
traiamo (traggiamo) (ggh)	traevamo	traemmo	trarremo
traete	traevate	traeste	trarrete
traggono	traevano	trassero	trarranno

Uccidere, uccidente, ucciso, uccidendo.

uccido	uccidevo (a)	uccisi	ucciderò
uccidi	uccidevi	uccidesti	ucciderai
uccide	uccideva	uċcise	ucciderà
uccidiamo	uccidevamo	uccidemmo	uccideremo
uccidete	uccidevate	uccideste	ucciderete
uccidono	uccidevano	uccisero	uccideranno

Ungere, ungente, unto, ungendo.

ungo	ungevo (a)	unsi	ungerò
ungi	ungevi	ungesti	ungerai
unge	ungeva	unse	ungerà
ungiamo	ungevamo	ungemmo	ungeremo
ungete	ungevate	ungeste	ungerete
ungono	ungevano	unsero	ungeranno

Valere, valente, valso, valuto (valsuto), valendo.

valgo	valevo (a)	valsi	varrò
vali	valevi	valesti	varrai
vale	valeva	valse	varrà
valghiamo[1], vagliamo	valevamo	valemmo	varremo
valete	valevate	valeste	varrete
valgono, vagliono	valevano	valsero	varranno

[1] Si dice meglio : si vale.

Ausiliare : **avere**.

Condizionale	Imperativo	Congiuntivo	
Presente		**Presente**	**Imperfetto**
trarrei		tragga	traessi
trarresti	trai	tragga	traessi
trarrebbe	tragga	tragga	traesse
trarremmo	traiamo, traggiamo (ggh)	traiamo, traggiamo (ggh)	traessimo
trarreste	traete	traiate, traggiate (ggh)	traeste
trarrebbero	traggano	traggano	traessero

Ausiliare : **avere**.

ucciderei		uccida	uccidessi
uccideresti	uccidi	uccida	uccidessi
ucciderebbe	uccida	uccida	uccidesse
uccideremmo	uccidiamo	uccidiamo	uccidessimo
uccidereste	uccidete	uccidiate	uccideste
ucciderebbero	uccidano	uccidano	uccidessero

Ausiliare : **avere**.

ungerei		unga	ungessi
ungeresti	ungi	unga	ungessi
ungerebbe	unga	unga	ungesse
ungeremmo	ungiamo	ungiamo	ungessimo
ungereste	ungete	ungiate	ungeste
ungerebbero	ungano	ungano	ungessero

Ausiliare : **avere**.

varrei		valga, vaglia	valessi
varresti	vali	valga, vaglia	valessi
varrebbe	valga, vaglia	valga, vaglia	valesse
varremmo	vagliamo, valghiamo	vagliamo, valghiamo	valessimo
varreste	valete	vagliate, valghiate	valeste
varrebbero	valgano, vagliano	valgano, vagliano	valessero

Urgere (dif.), 3ª pers. urge, urgono, urgeva, urgevano, urgerà, urgeranno, urgerebbe, urgerebbero, urga, urgano, urgesse, urgessero, urgente, urgendo.

Vedere[1], vedente, visto (veduto), vedendo.

Modo Indicativo

Presente	Imperfetto	Passato remoto	Futuro
vedo, veggo	vedevo (a)	vidi, veddi	vedrò
vedi	vedevi	videsti	vedrai
vede	vedeva	vide, vedde	vedrà
vediamo	vedevamo	videmmo	vedremo
vedete	vedevate	videste	vedrete
vedono, veggono	vedevano	videro	vedranno

Vincere, vincente, vinto, vincendo.

vinco	vincevo (a)	vinsi	vincerò
vinci	vincevi	vincesti	vincerai
vince	vinceva	vinse	vincerà
vinciamo	vincevamo	vincemmo	vinceremo
vincete	vincevate	vinceste	vincerete
vincono	vincevano	vinsero	vinceranno

Vivere, vivente, vissuto (vivuto), vivendo.

vivo	vivevo (a)	vissi	vivrò
vivi	vivevi	vivesti	vivrai
vive	viveva	visse	vivrà
viviamo	vivevamo	vivemmo	vivremo
vivete	vivevate	viveste	vivrete
vivono	vivevano	vissero	vivranno

Volere, volente, voluto (volsuto), volendo.

voglio, vò (vuò)	volevo (a)	volli, volsi	vorrò
vuoi	volevi	volesti	vorrai
vuole	voleva	volle, volse	vorrà
vogliamo	volevamo	volemmo	vorremo
volete	volevate	voleste	vorrete
vogliono	volevano	vollero, volsero	vorrano

[1] Forme poetiche : veggio, veggiamo, veggiono, veggente, veggendo.

Ausiliare : **avere**.

Condizionale	Imperativo	Congiuntivo	
Presente		**Presente**	**Imperfetto**
vedrei		veda, vegga	vedessi
vedresti	vedi	veda, vegga	vedessi
vedrebbe	veda	veda, vegga	vedesse
vedremmo	vediamo	vediamo	vedessimo
vedreste	vedete	vediate	vedeste
vedrebbero	vedano	vedano, veggano	vedessero

Ausiliare : **avere**.

vincerei		vinca	vincessi
vinceresti	vinci	vinca	vincessi
vincerebbe	vinca	vinca	vincesse
vinceremmo	vinciamo	vinciamo	vincessimo
vincereste	vincete	vinciate	vinceste
vincerebbero	vincano	vincano.	vincessero

Ausiliare : **essere** (avere).

vivrei		viva	vivessi
vivresti	vivi	viva	vivessi
vivrebbe	viva	viva	vivesse
vivremmo	viviamo	viviamo	vivessimo
vivreste	vivete	viviate	viveste
vivrebbero	vivano	vivano	vivessero

Ausiliare : **avere**.

vorrei		voglia	volessi
vorresti	vogli	voglia	volessi
vorrebbe	voglia	voglia	volesse
vorremmo	vogliamo	vogliamo	volessimo
vorreste	vogliate	vogliate	voleste
vorrebbero	vogliano	vogliano	volessero

Vigere, dif. 3e pers. vige vigono, vigeva vigevano, vigerà, vigeranno, vigerebbe vigerebbero, viga vigano, vigesse, vigessero, vigente, vigendo.

Volgere, volgente, volto, volgendo.

Modo Indicativo

Presente	Imperfetto	Passato remoto	Futuro
volgo	volgevo (*a*)	volsi	volgerò
volgi	volgevi	volgesti	volgerai
volge	volgeva	volse	volgerà
volgiamo	volgevamo	volgemmo	volgeremo
volgete	volgevate	volgeste	volgerete
volgono	volgevano	volsero	volgeranno

Ausiliare : **avere**.

Condizionale	Imperativo	Congiuntivo	
Presente		**Presente**	**Imperfetto**
volgerei		volga	volgessi
volgeresti	volgi	volga	volgessi
volgerebbe	volga	volga	volgesse
volgeremmo	volgiamo	volgiamo	volgessimo
volgereste	volgete	volgiate	volgeste
volgerebbero	volgano	volgano	volgessero

Apparire, apparente (appariscente), apparso (apparito), apparendo.

Modo Indicativo

Presente	Imperfetto	Passato remoto	Futuro
apparisco, appajo[1]	apparivo (a)	apparsi, apparii, apparvi	apparirò (apparrò)
apparisci, appari	apparivi	apparisti	apparirai
apparisce, appare	appariva	apparse, appari, apparve	apparirà
appariamo, appajamo	apparivamo	apparimmo	appariremo
apparite	apparivate	appariste	apparirete
appariscono, appajono	apparivano	apparsero, apparirono, apparvero	appariranno

Aprire, aprente, aperto, aprendo.

apro	aprivo (a)	aprii, apersi	aprirò
apri	aprivi	apristi	aprirai
apre	apriva	aprì, aperse	aprirà
apriamo	aprivamo	aprimmo	apriremo
aprite	aprivate	apriste	aprirete
aprono	aprivano	aprirono, apersero	apriranno

Assorbire, assorbente, assorbito, assorbendo.

assorbo (isco)	assorbivo(a)	assorbii	assorbirò
assorbi (isci)	assorbivi	assorbisti	assorbirai
assorbe (isce)	assorbiva	assorbì	assorbirà
assorbiamo	assorbivamo	assorbimmo	assorbiremo
assorbite	assorbivate	assorbiste	assorbirete
assorbono (iscono)	assorbivano	assorbirono	assorbiranno

Compire, compiente, compito, compiendo.

compio (isco)	compivo (a)	compii	compirò
compi (isci)	compivi	compisti	compirai
compie (isce)	compiva	compì	compirà
compiamo	compivamo	compimmo	compiremo
compite	compivate	compiste	compirete
compiono (iscono)	compivano	compirono	compiranno

Acquisire, dif. p. p. acquisito (tempi composti).

---

[1] È ammesso oggi l'uso dell'*i* per *j*.

Ausiliare : **essere**.

Condizionale	Imperativo	Congiuntivo	
Presente		**Presente**	**Imperfetto**
apparirei (apparrei)		apparisca, appaja	apparissi
apparireste	apparisci, appari	apparisca, appaja	apparissi
apparirebbe	apparisca, appaja	apparisca, appaja	apparisse
appariremmo	appariamo	appariamo	apparissimo
apparireste	apparite	appariate	appariste
apparirebbero	appariscano, appajano	appariscano, appajano,	apparissero

Ausiliare : **avere**.

aprirei		apra	aprissi
apriresti	apri	apra	aprissi
aprirebbe	apra	apra	aprisse
apriremmo	apriamo	apriamo	aprissimo
aprireste	aprite	apriate	apriste
aprirebbero	aprano	aprano	aprissero

Ausiliare : **avere**.

assorbirei		assorba (isca)	assorbissi
assorbiresti	assorbi (isci)	assorba (isca)	assorbissi
assorbirebbe	assorba (isca)	assorba (isca)	assorbisse
assorbiremmo	assorbiamo	assorbiamo	assorbissimo
assorbireste	assorbite	assorbiate	assorbiste
assorbirebbero	assorbano (iscano)	assorbano (iscano)	assorbissero

Ausiliare : **avere (essere)**.

compirei		compia (isca)	compissi
compiresti	compi (isci)	compia (isca)	compissi
compirebbe	compia (isca)	compia (isca)	compisse
compiremmo	compiamo	compiamo	compissimo
compireste	compite	compiate	compiste
compirebbero	compiano (iscano)	compiano (iscano)	compissero

Coprire, coprente, coperto, coprendo.

Modo Indicativo

Presente	Imperfetto	Passato remoto	Futuro
copro, cuopro	coprivo (a)	coprii, copersi	coprirò
copri	coprivi	copristi	coprirai
copre	copriva	coprì, coperse	coprirà
copriamo	coprivamo	coprimmo	copriremo
coprite	coprivate	copriste	coprirete
coprono	coprivano	coprirono, copersero	copriranno

Costruire, costruente, costruito (costrutto, agg.), costruendo.

costruisco	costruivo (a)	costrussi, costruii	costruirò
costruisci	costruivi	costruisti	costruirai
costruisce	costruiva	costrusse, costruì	costruirà
costruiamo	costruivamo	costruimmo	costruiremo
costruite	costruivate	costruiste	costruirete
costruiscono	costruivano	costrussero, costruirono	costruiranno

Cucire, cucente, cucito, cucendo.

cucio	cucivo (a)	cucii	cucirò
cuci	cucivi	cucisti	cucirai
cuce	cuciva	cucì	cucirà
cuciamo	cucivamo	cucimmo	cuciremo
cucite	cucivate	cuciste	cucirete
cuciono	cucivano	cucirono	cuciranno

Dire[1], dicente, detto, dicendo.

dico	dicevo (a)	dissi	dirò
dici	dicevi	dicesti	dirai
dice	diceva	disse	dirà
diciamo	dicevamo	dicemmo	diremo
dite	dicevate	diceste	direte
dicono	dicevano	dissero	diranno

[1] Per etimologia appartiene alla IIª coniugazione : **dicere.**
Ferire, come **perire;** ferisce o fere; ausiliare : **avere.**

Ausiliare : **avere.**

Condizionale	Imperativo	Congiuntivo	
Presente		**Presente**	**Imperfetto**
coprirei		copra	coprissi
copriresti	copri	copra	coprissi
coprirebbe	copra	copra	coprisse
copriremmo	copriamo	copriamo	coprissimo
coprireste	coprite	copriate	copriste
coprirebbero	coprano	coprano	coprissero

Ausiliare : **avere.**

costruirei		costruisca	costruissi
costruiresti	costruisci	costruisca	costruissi
costruirebbe	costruisca	costruisca	costruisse
costruiremmo	costruiamo	costruiamo	costruissimo
costruireste	costruite	costruiate	costruiste
costruirebbero	costruiscano	costruiscano	costruissero

Ausiliare : **avere.**

cucirei		cucia	cucissi
cuciresti	cuci	cucia	cucissi
cucirebbe	cucia	cucia	cucisse
cuciremmo	cuciamo	cuciamo	cucissimo
cucireste	cucite	cuciate	cuciste
cucirebbero	cuciano	cuciano	cucissero

Ausiliare : **avere.**

direi		dica	dicessi
diresti	di'	dica	dicessi
direbbe	dica	dica	dicesse
diremmo	diciamo	diciamo	dicessimo
direste	dite	diciate	diceste
direbbero	dicano	dicano	dicessero

Empire[1], empiente, empito, empiendo.

Modo Indicativo

Presente	Imperfetto	Passato r.	Futuro
empio	empivo (a)	empii	empirò
empi	empivi	empisti	empirai
empie	empiva	empì	empirà
empiamo	empivamo	empimmo	empiremo
empite	empivate	empiste	empirete
empiono	empivano	empirono	empiranno

Gire, —, gito, —, (poetico).

	givo		
	giva	gì	
giamo		gimmo	
gite			
	givano		

Ire, —, ito, — (poetico) s'usano i tempi composti

	ivo (a)		
	ivi		
	iva		
ite			

Morire, morente, morto, morendo.

mojo, muojo[2]	morivo (a)	morii	morirò, morrò, ecc.
mori	morivi	moristi	morirai,
muore, muore	moriva	morì	morirà,
moriamo	morivamo	morimmo	moriremo
morite	morivate	moriste	morirete
mojono, muojono	morivano	morirono	moriranno

[1] **Empiere,** IIª coniugazione; ha le stesse forme, salvo p. rem. : empiei, p. p. : empiuto   [2] È ammesso oggi l'uso dell'*i* per *j*.

Ausiliare : **avere**.

Condizionale	Imperativo	Congiuntivo	
Presente		**Presente**	**Imperfetto**
empirei		empia	empisse
empiresti	empi	empia	empisse
empirebbe	empia	empia	empisse
empiremmo	empiamo	empiamo	empissimo
empireste	empite	empiate	empiste
empirebbero	empiano	empiano	empissero

Ausiliare : **avere**

		gia	gissi
		gia	gissi
		gia	gisse

Ausiliare : **essere**.

	ite		

Ausiliare : **essere**.

morirei, morrei, ecc		moja, muoja, ecc.	morissi
moriresti	mori, muori	moja	morissi
morirebbe	muoja	moja	morisse
moriremmo	moriamo	mojamo	morissimo
morireste	morite	mojate	moriste
morirebbero	muojano	mojano	morissero

Esordire, reg. in isco ; p. pr. : esordiente.

Nutrire, nutriente, nutrito, nutrendo.

Modo Indicativo

Presente	Imperfetto	Passato remoto	Futuro
nutro, isco	nutrivo (a)	nutrii	nutrirò
nutri, isci	nutrivi	nutristi	nutrirai
nutre, isce	nutriva	nutrì	nutrirà
nutriamo	nutrivamo	nutrimmo	nutriremo
nutrite	nutrivate	nutriste	nutrirete
nutrono, iscono	nutrivano	nutrirono	nutriranno

Offrire, offerente, offerto, offrendo.

offro	offrivo (a)	offrii, offersi	offrirò
offri	offrivi	offristi	offrirai
offre	offriva	offrì, offerse	offrirà
offriamo	offrivamo	offrimmo	offriremo
offrite	offrivate	offriste	offrirete
offrono	offrivano	offrirono, offersero	offriranno

Perire, —, perito (perituro), perendo.

perisco	perivo (a)	perii	perirò
perisci	perivi	peristi	perirai
perisce, pere	periva	perì	perirà
periamo	perivamo	perimmo	periremo
perite	perivate	periste	perirete
periscono	perivano	perirono	periranno

Riuscire, riuscente, riuscito, riuscendo.

riesco	riuscivo (a)	riuscii	riuscirò
riesci	riuscivi	riuscisti	riuscirai
riesce	riusciva	riuscì	riuscirà
riusciamo	riuscivamo	riuscimmo	riusciremo
riuscite	riuscivate	riusciste	riuscirete
riescono	riuscivano	riuscirono	riusciranno

Partire, reg. = andar via ; ausiliare : essere.
Partire, reg. **isco** = dividere ; ausiliare : avere.
Rapire, reg. **isco,** salvo p. p. ratto = rapito.

Ausiliare : **avere.**

Condizionale	Imperativo	Congiuntivo	
Presente		**Presente**	**Imperfetto**
nutrirei		nutra, isca	nutrissi
nutriresti	nutri, isci	nutra, isca	nutrissi
nutrirebbe	nutra, isca	nutra, isca	nutrisse
nutriremmo	nutriamo	nutriamo	nutrissimo
nutrireste	nutrite	nutriate	nutriste
nutrirebbero	nutrano, iscano	nutrano, iscano	nutrissero

Ausiliare : **avere.**

offrirei		offra	offrissi
offriresti	offri	offra	offrissi
offrirebbe	offra	offra	offrisse
offriremmo	offriamo	offriamo	offrissimo
offrireste	offrite	offriate	offriste
offrirebbero	offrano	offrano	offrissero

Ausiliare : **essere.**

perirei		perisca, pera	perissi
periresti	perisci	perisca, pera	perissi
perirebbe	perisca	perisca, pera	perisse
periremmo	periamo	periamo	perissimo
perireste	perite	periate	periste
perirebbero	periscano	periscano	perissero

Ausiliare : **essere.**

riuscirei		riesca	riuscissi
riusciresti	riesci	riesca	riuscissi
riuscirebbe	riesca	riesca	riuscisse
riusciremmo	riusciamo	riusciamo	riuscissimo
riuscireste	riuscite	riusciate	riusciste
riuscirebbero	riescano	riescano	riuscissero

Salire, salente o saliente, salito, salendo.

Modo Indicativo

Presente	Imperfetto	Passato rem.	Futuro
salgo	salivo (a)	salii	salirò
sali (salisci)	salivi	salisti	salirai
sale (salisce)	saliva	salì	salirà
saliamo (sagliamo)	salivamo	salimmo	saliremo
salite	salivate	saliste	salirete
salgono (sagliono)	salivano	salirono	saliranno

Udire, udente, udito, udendo.

odo	udivo (a)	udii	udirò, udrò,ecc.
odi	udivi	udisti	udirai
ode	udiva	udì	udirà
udiamo	udivamo	udimmo	udiremo
udite	udivate	udiste	udirete
odono	udivano	udirono	udiranno

Uscire, uscente, uscito, uscendo.

esco	uscivo (a)	uscii	uscirò
esci	uscivi	uscisti	uscirai
esce	usciva	uscì	uscirà
usciamo	uscivamo	uscimmo	usciremo
uscite	uscivate	usciste	uscirete
escono	uscivano	uscirono	usciranno

Venire, venente (vegnente), venuto, venendo.

vengo	venivo (a)	venni	verrò
vieni	venivi	venisti	verrai
viene	veniva	venne	verrà
veniamo	venivamo	venimmo	verremo
venite	venivate	veniste	verrete
vengono	venivano	vennero	verranno

Sortire (francesismo) = uscire, regolare ; ausiliare : essere
Sortire = uscire a sorte, reg. **isco** ; ausiliare : avere.
Seppellire, reg. in **isco** ; p. p. : seppellito, sepolto.

Ausiliare: **essere.**

Condizionale	Imperativo	Congiuntivo	
Presente		**Presente**	**Imperativo**
salirei		salga	salissi
saliresti	sali	salga	salissi
salirebbe	salga	salga	salisse
saliremmo	saliamo	saliamo	salissimo
salireste	salite	saliate	saliste
salirebbero	salgano	salgano	salissero

Ausiliare: **avere.**

udirei, udrei, ecc.		oda	udissi
udiresti	odi	oda	udissi
udirebbe	oda	oda	udisse
udiremmo	udiamo	udiamo	udissimo
udireste	udite	udiate	udiste
udirebbero	odano	odano	udissero

Ausiliare: **essere.**

uscirei		esca	uscissi
usciresti	esci	esca	uscissi
uscirebbe	esca	esca	uscisse
usciremmo	usciamo	usciamo	uscissimo
uscireste	uscite	usciate	usciste
uscirebbero	escano	escano	uscissero

Ausiliare: **essere.**

verrei		venga	venissi
verresti	vieni	venga	venissi
verrebbe	venga	venga	venisse
verremmo	veniamo	veniamo	venissimo
verreste	venite	veniate	veniste
verrebbero	vengano·	vengano	venissero

Sparire, reg. in **isco**; p. rem. sparii, o sparvi, p. p. sparito. Ausiliare: **essere.**
Trasparire, reg. in **isco**.

NOTE

Iª CONIUGAZIONE

Derivati da :

Andare. *Riandare* (andare di nuovo) : rivò, rivai, rivà, ecc.
Riandare (ripensare) : riando, riandi, rianda, ecc.
Trasandare (trascurare) : trasando, trasandi, ecc., trasandato.

Dare. *Addarsi :* mi addò, ecc. (poco usato).
Ridare : rido, ridai, ridà, ecc. ch'io ridassi (ridessi), ridato.

Fare. *Confarsi :* si confà, si confaceva, confacente.
Contraffare : contraffò (faccio), contraffai, contraffà, ecc.
Disfare : disfò, disfai, disfà, ecc.
Malfare : malfacente, malfatto.
Rarefare : rarefò, rarefai, ecc., rarefeci, rarefatto.
Rifare : rifò, rifai, rifà, ecc.
Sodisfare : sodisfò, sodisfaccio, sodisfo, sodisfai, sodisfà, ecc.
Sopraffare : sopraffò, sopraffai, sopraffà, ecc.

Stare. *Ristare :* ristò, ristai, ristà, ecc., ristei (ristetti), ristato, ecc.

IIª CONIUGAZIONE

Annettere. *Connettere, sconnettere :* p. rem. annessi, o annettei, ecc., p. p. annesso, ecc.

Assistere. *Consistere, desistere, esistere, insistere, sussistere :* regolati, ad eccezione del p. p. in **ito** : *assistito*, ecc.

Assolvere. *Risolvere* ; regolari, oppure : p. rem. : assolsi, risolsi, ecc., p. p. assoluto, assolto, risoluto, risolto.

Incombere (impers.), regolare, senza tempi composti.

Procombere, regolare ; p. p. procombuto.

Soccombere, regolare ; p. p. soccombuto. (Ausiliare **avere o essere.**)

IIIª CONIUGAZIONE

Derivati da.

Dire. *Addirsi :* si addice, addicono, si addiceva, addicevano, si addisse, addisero, si addica, si addicesse, addetto.
  Benedire : come *dire* ; imperf. : benediceva (benediva) : p. rem. : (benedii, benedisti), ecc.
  Contraddire, o *contradire ;* come *dire.*
  Disdire : come *dire.*
  Maledire : maledico, maledivo, maledii, maledicente, maledetto.

N. B. **Tradire** è regolare, in **isco.**

———

Escire. *Riescire :* come *uscire* e *riuscire :* e a tutte le forme. *(Popolare).*

———

Verbi regolari, in o.
Modello di **sentire** : avvertire, bollire, convertire, dormire, fuggire, pentirsi, pervertire, siguire, servire, vestire, e derivati.
  Verbi regolari in **o** e **isco** con le due forme, ugualmente usate : sdruscire.
  di preferenza in **o** : aborrire, avvertire, convertire, tossire ;
  di preferenza in **isco** : applaudire, comparire, forbire, gradire, lambire, languire, mentire, muggire, offerire, patire, putire, ruggire, schermire, sorbire, sortire.
  Verbi regolari in **isco** (assoluti).
Modello di **finire** : circa 400 verbi derivati o di formazione moderna, ecco i principali :
  Abbellire, abbonire, abbrostolire, abbruttire, abolire, accanire, accudire, addolcire, aderire, affievolire, agguerire, alleggerire, allestire, ambire, ammansire, ammattire, ammonire, ammortire, ammutolire, annerire, annichilire, appassire, arricchire, arrossire, arrostire, arrugginire, asserire, assordire, assortire, atterrire, attribuire, attristire, avvilire, avvizzire.
  Bandire, blandire, brandire, brunire.
  Candire, chiarire, colorire, colpire, concepire, condire, conferire, contribuire, costituire, costruire, custodire.

Deferire, definire, demolire, differire, digerire, disubbidire, disunire.

Esaurire, esibire.

Fallire, favorire, finire, fiorire, fornire.

Garantire, ghermire, gioire, gradire, gremire, grugnire, guaire, guarire, guarnire.

Illanguidire, imbandire, imbastardire, imbastire, imbestialire, imbizzarire, imbottire, impadronire, impallidire, impaurire, impedire, impiccolire, impoverire, inaridire, inacerbire, inasprire, incanutire, incaparbire, incattivire, incivilire, incollerire, incrudelire, indebolire, indolenzire, infarcire, infastidire inferocire, infiacchire, infrigidire, ingelosire, ingentilire, inghiottire, ingiallire, inorridire, inquisire, insanire, inserire, insolentire, instupidire, intenerire, intimorire, intorpidire, inumidire, invaghire, inveire, irrigidire, istituire, istruire.

Largire, lenire.

Nitrire.

Obbedire, ostruire.

Partorire, patire, polire, proferire, progredire, proibire.

Rapire, referire, restituire, ribadire, riferire, ringiovanire, rinvigorire, ripulire, riunire, riverire.

Sbalordire, sbigottire, scalfire, scaturire, seppelire, sghermire, smarrire, sopire, sostituire, stabilire, starnutire, sparire, stordire, stupire, supplire, svanire.

Tradire, trasferire, trasgredire.

Ubbidire, unire.

Vagire.

Imprimé en Suisse

INDICE ALFABETICO

———

NOUVELLE
GRAMMAIRE ITALIENNE

par François Mégroz

Un volume de 80 pages, 13,5×20 cm, broché

Méthode nouvelle, intuitive et rapide, fondée sur la parenté du français et de l'italien, qui permet à l'élève ou à l'étudiant de langue française de faire en peu de temps de grands progrès.

Cette grammaire comprend deux parties, correspondant en principe à deux années d'études, des exercices et un double lexique (italien-français et français-italien). Un appendice précise les différents points de la grammaire ou de la syntaxe qui n'ont pas été traités méthodiquement dans les deux premières parties, où il a été fait appel à l'intuition dans la mesure du possible. Une table des matières systématique permet d'ailleurs à l'étudiant de résoudre toutes les questions que suppose la lecture ou l'étude de la langue. Il s'agit donc d'une grammaire complète qui *peut être utilisée également par tous ceux qui veulent apprendre l'italien pour leur plaisir personnel.*

LES VERBES ANGLAIS
MORPHOLOGIE

par GEORGES BONNARD

Un volume in-16, couverture carton fort

Ce manuel est destiné à ceux qui désirent avoir un exposé complet et ordonné de la morphologie des verbes anglais. Le verbe étudié est celui de l'anglais moderne et contemporain des XIX et XXes siècles. On y trouve entre autres un chapitre sur les verbes de prédication incomplète, sur les modes et les temps, sur les sept formes du verbe et une liste alphabétique des verbes irréguliers.

LES VERBES ALLEMANDS
CONJUGUÉS

par E. BRIOD et J. STADLER

Un volume in-16, couverture carton fort

Ce livre donne des exemples pour chaque catégorie de verbes et les cinq temps fondamentaux de tous les verbes simples, forts et mixtes. Il renseigne sur une foule de points que les grammaires ne peuvent examiner et cela avec le maximum de facilité de recherche. Des exemples précisent l'emploi des formes divergentes.

LES VERBES FRANÇAIS
CONJUGUÉS SANS ABRÉVIATIONS

par AMI SIMOND

Un volume in-16, couverture carton fort

Voici un recueil très pratique des verbes irréguliers de notre langue, conjugués tout au long et classés systématiquement en 3 conjugaisons, la 3e se décomposant en 2 groupes: a) les types en oir, b) les types en re. – Il contient les modèles de verbes réguliers, d'un verbe passif, d'un verbe pronominal et d'un verbe impersonnel.

VERBOS ESPAÑOLES
CONJUGADOS SIN ABREVIACIÓN

par CARMEN C. DE KEMPIN

Un volume in-16, couverture carton fort

C'est là l'aide-mémoire et l'instrument de travail indispensables auxquels le correspondancier et l'étudiant recourent en mille occasions. Il présente notamment les différentes conjugaisons des verbes réguliers et irréguliers, des verbes irréguliers spéciaux, des modifications orthographiques des différentes classes de verbes, et tient compte des dernières modifications de l'Académie royale espagnole.